그리스신화를 품질의 관점에서 해석한 최초의 책

신화로 즐기는 품질 여행

신화로 즐기는 품질 여행

발 행 일 2024년 3월 1일 초판 1쇄 발행
지 은 이 한재훈
발 행 인 김병석
편   집 노지호, 신동민, 진주영
마 케 팅 윤주경
발 행 처 한국표준협회미디어
출판등록 2004년 12월 23일(제2009-26호)
주   소 서울 강남구 테헤란로69길 5, 3층(삼성동)
전   화 02-6240-4890
팩   스 02-6240-4949
홈페이지 www.ksam.co.kr

KSAM 출판자문위원회
이석연 법무법인 서울 대표변호사, 헌법학자(前 법제처장)
이유재 서울대학교 경영대학 석좌교수
신완선 성균관대학교 시스템경영공학부 교수
표현명 한국타이어앤테크놀로지 사외이사(前 KT, 롯데렌탈 대표이사 사장)
배경록 前 씨네21 대표
한경준 前 한국경제신문 한경BP 대표이사
강명수 한국표준협회 회장(당연직)

ISBN 979-11-6010-067-9 03320
정가 16,000원

그리스신화를 품질의 관점에서 해석한 최초의 책

신화로
즐기는
품질 여행

한재훈 지음

KSAM

목차

프롤로그 ··· 006

🔱 Chapter 1. **책임과 권한 그리고 신뢰**

1. 번개를 쥔 자, 권리와 책임이 따른다 ························· 016
2. 소유와 대물림, 기업의 안녕이 우선 ························· 024
3. 왕의 고독한 판단, 백성이 우선 ···························· 032
4. '당장의 영화' 아닌 '미래의 영광'을 추구하라 ·············· 040
5. '반대'를 외치는 용기, 조직의 건강한 발전 이끈다 ·········· 050
6. 라비린토스의 실수, 신뢰를 잃으면 잠재 역량도 잃는다 ········ 060
7. 이윤보다 앞서는 가치 '신뢰' ····························· 068
8. 신뢰의 상실, 파괴적 결과로 돌아온다 ····················· 080

🏛️ Chapter 2. **이성과 합리적 판단**

1. 상상력을 시각화 하라 ·· 092
2. 귀납법은 연역법의 실수를 보완한다 ·················· 100
3. 경영학은 올바른 선택을 위한 과학 ····················· 110
4. 정의를 알았던 최초의 인간, 시시포스 ················· 120
5. 자유와 열정으로 고통 속에서 행복을 찾다·········· 128
6. 재앙은 없다, 희망만 남아 있을 뿐 ····················· 134

🏛️ Chapter 3. **도전**

1. 저주를 축복으로, 헤라의 마음을 얻은 헤라클레스 ···················· 144
2. 본질을 꿰뚫는 눈, 답은 현장에 있다 ················· 154
3. 빛나는 모험담에 가려진 아르고호 영웅들의 비극··············· 166
4. 과거의 교훈, 미래의 올바른 방향성을 생각하라 ·················· 176

🏛️ Chapter 4. **본질과 본성**

1. 지성(至誠)이 생명을 만들다 ····························· 188
2. 내재된 두 본성, 그리고 선택 ·························· 198
3. 테세우스 모험담으로 보는 품질 이야기················ 208

프롤로그

   유구한 역사를 자랑하는 나라일수록 건국신화를 비롯하여 다양한 종류의 신화를 보유하고 있다. 그 중에 그리스신화는 올림포스산을 본거지로 삼아서 인간 세상을 지배하는 신과 인간의 사랑, 신뢰, 우정에 관한 이야기다. 그뿐만 아니라 그들의 배신, 음모, 회한 등 인생에 대한 수많은 희로애락을 이야기로 담고 있다.

   이들의 이야기가 오늘날까지도 우리 인생에서 지표로써 또는 선과 악의 표본으로 인용되고 있는 것은, 신화가 탄생한지 수천 년의 세월이 흘렀지만 '나' 그리고 '우리'라는 인간관계의 연대에서 이와 유사한 상황이 전개되는 것을 목격하거나 경험하고 있다는 것이다. 또한 그런 경험을 통하여 느끼는 기쁨과 슬픔, 행복과 불행 등의 상황이 그 당시의 사람들이 느꼈을 법한 감정과 별반 다르지 않기 때문이다. 고대의 그 시절에 살았던 인간의 삶과 현재 우리가 사는 삶이 다르고 환경과 생활 패턴이 상전벽해 됐다고 해도 삶의 기본 욕구와 본성은 변하지 않는 까닭에 오늘날 신화를 읽어도 뭔가 동떨어진 느낌이 없고, 늘 주변에 생길 것만 같은 기대감에 차올라 독자로 하여금 감동을 준다. 그리스신화는 구전으로 내려온 설화이다. 다시 말해 만들어낸 허구의 이야기이기 때문에 사실이 아닌 경우가 많다.[1] 그럼에도 불구하고 지구상에서 가장 광범위하게 전파된 데는 그리스 문명이 남다르게 뛰어나고, 이야기 전개 방식과 글의 구성이 유려한 것이 작용했으리라 추측된다. 하지만 1세기경 로마제국이 그리스문화를 오롯이 계승 발전시킨 이유가 더 크다고 할 수 있다.

　오늘날 그리스로마신화는 고대 로마시대에 그리스문화와 양식을 원형 그대로 받아들인 것에서 출발했다. 신들의 이름을 달리 부르는 것 말고는 이야기와 줄거리는 거의 동일한 내용으로 되어 있다. 예를 들면 제우스Zeus와 유피테르Jupiter, 헤라Hera와 유노Juno, 아테나Athena와 미네르바Minerva, 아프로디테Aphrodite와 베누스Venus, 아레스Ares와 마르스Mars, 헤파이스토스Hephaistus와 불카누스Vulcanus,

---

1　호메로스가 트로이 전쟁사를 다루었는데 전쟁 발단의 원인과 결과 등 그 전말에 대해서는 사실과 다를지 몰라도 트로이라는 나라가 존재했다는 게 확실한 것처럼 부분적으로는 사실과 허구가 공존한다.

에로스Eros와 큐피드Cupid 등 이들의 이름은 그리스어와 라틴어로 각각 다르지만 동일 인물들이다.

일찍이 농경사회가 발달한 비옥한 초승달 지대의 고대 메소포타미아에서는 독특한 문자가 발달했다. 이 문자는 쐐기문자로 알려진 설형문자楔形文字다. 초기 설형문자는 시장에서 물건을 사고팔 때 거래한 내용을 토판에 막대기나 나뭇가지 등을 이용하여 꾹꾹 눌러 각인하여 굳힌 글자로서, 말하자면 쐐기문자는 주로 거래 장부를 기록하는 용도로 사용했다.

이런 문자에 힘입어, BC 3200년에 우르크오늘날 이라크 지역에서 인류 최초의 문학작품이 만들어졌다. 이 작품은 신과 인간의 위계질서와 그들 간의 사랑, 음모, 복수, 우정 등에 관한 이야기로서 그 이야깃거리들을 우리들의 감정에 업로드해도 우리의 인식이 동일한 버전으로 느낄 만큼 격세지감을 발생시키지 않는다는 것이다. 여기에 초인간적인 존재를 소재로 다루게 되면서 인류 최초의 신화로 알려지게 되었다.

이 신화는 신과 인간의 감정이 다르지 않다는 것과 또한 비교적 권선징악적 결과론의 측면을 다루기도 해서 오늘날 주요 종교가 공통적으로 추구하는 '인간의 올바른 삶'에 관해서 최초로 표준화를 시도했다고 볼 수 있다. 이 신화가 바로 <길가메쉬Gilgamesh>다. 지금으로부터 무려 5000년 전 메소포타미아 문명인들에 의해 만들어진 것이다. <길가메쉬>는 그리스의 장님 시인 호메로스Homeros가 쓴 <일리아스Ilias>와 <오디세이아Odysseia>보다 무려 2500년이나 앞서 만들어진 작품이고 설형문자의 형태로 지금까지도 남아 있다. 이집트도 그리스보다 시기적으로 앞선 우수한 신화가 있고 발트해와 북해 등 유럽 북방의 나라에 살던 바이킹 민족의 후예들도 그리스신화 못지않게 개성이 넘치고 탄탄한 줄거리로 구성된 북유럽신화를 후대에 전수하고 있다.

　하지만 이들 신화는 그리스신화처럼 널리 전파되지는 못했다. 그 이유는 그리스신화는 유럽 전체의 나라로부터 공감대를 공유한 반면, 이들 신화는 공감대에 관하여 그다지 호소력을 발휘하지 못했기 때문이다. 왜냐하면 이들 신화가 무엇보다 문화, 정치, 경제 등 사회 전반의 다양한 분야로 확장되거나 전수될 기회가 없었다. 그리스신화가 위대해진 이유에는 한 인물의 영향도 빼놓을 수 없다. 그 인물은 바로 기원전 4세기 마케도니아의 군주 알렉산드로스 3세이다. 우리가 흔히 그를 알렉산더 대왕이라고 부른다. 그가 그리스의 모든 도시국가와 이집트, 페르시아, 카프카스Caucasus,

영어권·코카서스 산맥 주변의 여러 나라를 포함하여 인도 북부까지 복속시키는 과정에서 그리스의 헬레니즘 문화가 자연스럽게 퍼지게 되었고 그 기회를 통해서 승자의 신화가 패자들의 고유한 신화를 덮어버린 것도 하나의 이유로 볼 수 있다.

저자는 신화의 줄거리가 후대 학자들에 의해 의미가 이미 부여되어 있는 것을, 또는 신화에 등장하는 어떤 인물의 주어진 운명에 관한 고정된 소재를 다루거나 이야기하려고 하는 것이 아니다. 이 책에서는 주로 우리가 일하는 경영 현장에서 평상시 나타나는 여러 가지 상황과 현상을 신화의 내용을 토대로 하여 요즘 시대에 걸맞게 혁신적 사고방식을 도모할 수 있도록 합리적이고 타당한 의미를 재창출하려는 것이 의도다.

기본적으로 그리스신화는 매우 재미있는 이야기로 구성되어 있다. 독자는 그 재미를 잊지 못한다. 그래서 신화를 읽고 난 후 느끼게 되는 감정과 그것이 전달하는 메시지도 우리에게 소중한 마음의 양식으로 남아 있다. 그래서 저자는 그런 재미를 느끼게 하는 이야기를 기반으로 하여 생소하겠지만 현장에서 벌어지는 현상들과 연결하고 우리에게 교훈이 될 만한 맥락을 부각시켜서 독자에게 색다른 느낌을 선사하려고 했다.

　어쩌면 독자가 이 책을 읽고 난 후 그리스신화가 전달한 내용과 사뭇 다르다고 생각할 수도 있을 터인데, 이미 우리에게 전달되고 각인된 그리스신화의 의미와 상징성, 그것이 전달하는 교훈에 맹종하는 태도를 거부한 부분이 많아서이다. 창작이란 것이 그렇게 시작된다는 점을 독자가 널리 이해한다면, 저자의 글이 기존의 전달하는 메시지와 좀 다르다고 해서 논쟁으로 삼지 않기를 바라며, 창작의 특징을 살리고 고정관념의 타파를 염두에 두고 이야기를 엮었다는 점을 참작해주기를 바란다.

　이 책을 내면서 저자 역시도 이야기의 꽤 많은 부분은 원전의 해석 방법을 그대로 따르려고 했다. 그것은 그리스신화가 내포한 이야기의 위용을 견지堅持한 측면도 있지만 아무래도 정신분석학, 심리학, 문학, 정치학, 경제학 등의 여러 방면에서 오늘날까지 주요한 개념으로 널리 활용되고 있고 그렇게 이미 고정된 의미를 공연히 건드림으로써 오인의 여지를 줄 수 있다고 생각했기 때문이다. 특히 오늘날 우리가 자주 사용하는 용어가 그리스신화에서 인용된 것이라면 그것은 대체로 심오한 문학적·학술적 의미를 내포한 경우가 많아서 저자 역시 차마 달리 해석하여 글을 쓴다는 게 부담되었고 그것이 오히려 졸렬할 수 있다고 생각했다. 그런 까닭에 이미 설정된 신화의 인물이나 사물의 성격과 의미는 그대로 차용한 부분이 많다.

그리스신화가 오늘날 우리의 삶에 깊이 관여해온 것이 사실이다. 앞서 언급했듯이 문학과 예술, 철학, 정치학, 천문학, 심리학 등 다양한 분야에서 소재와 용어로 매우 중요하고 폭넓게 응용되고 있다. 저자는 그의 확장적 측면에서 기업이 추진하는 경영활동 분야, 즉 영업, 연구개발, 생산, 품질관리 등 다양하게 펼쳐지고 있는 활동에서도 그리스신화를 이용할 수 있지 않을까 생각했다. 그래서 기존의 학자들이 의미를 부여한 고전적인 해석 방법과 이해하는 방식을 부분적으로 달리하여 글을 엮어나갔다.

저자는 수십 년 동안 기업 생산 현장에서 일했다. 그 과정에서 목격하고 경험한 여러 상황을 독자에게 어떻게 하면 쉽게 내용 전달을 할 수 있을까 그리고 어떻게 이해시킬 수 있을까 고민했다. 그래서 독자에게 손쉽게 접근이 가능한 그리스신화를 선택하게 된 것도 그 이유다. 그리스신화는 독자에게 재미있게 다가갈 수 있는 가장 잘 알려진 이야기라는 특징 때문에 저자의 머릿속에서 가장 먼저 떠올랐고 손쉽게 선택할 수 있는 콘텐츠였다.

이 책에서 그리스신화를 소재로 삼기 쉬웠던 이유는 기업이 경영활동을 하면서 나타나는 여러 가지 사람들의 행동과 태도, 그로 말미암아 귀결되는 결말에 대해서 꼬집어 설명하는데 부족함이 없고, 독자에게 어떤 인상을 각인시키는데 이만한 소재가 없을 것이라고 판단했기 때문이다. 저자는 신화의 줄거리와 등장하는 인물의 캐릭터, 사건의 본질을 깊이 있게 파악하고 다루려고 노력했으며 현장에서 나타나는 상황을 이해시키기 위하여 줄거리 일부를 각색하는 형식도 취했다. 또한 원전을 그대로 번역해서 전개하지는 않았다는 점도 글의 의미를 부각시키기 위해서는 이미 알려진 내용 그대로를 표방하는 것이 오히려 방해가 되었기 때문이다.

2024년 2월 **한재훈**

아르고호 원정대는 여정의 초반, 렘노스섬에서 여인들에 취해 당초의 목적을 망각하고 쾌락에 빠진다. 그렇게 1년이란 시간이 지났을 때 헤라클레스가 이아손을 향해 호통 친다.

"황금양피를 고국으로 가져갈 사명으로 우리는 여정을 떠났소, 그런데 고작 이 섬에서 종마 노릇이나 하려고 험한 뱃길을 헤쳐 왔는지 아시오?"

그제야 이아손은 정신이 번쩍 들었다. 우리는 흔히 자신이 속해 있는 집단의 문제를 발견하고도 모른 척 하거나 묵인하는 대세에 동조하곤 한다. 침묵을 깨고 대세를 거스를 수 있는 용기를 가질 때 진정한 영웅이 될 수 있다.

신화로 즐기는 품질 여행

Chapter 1

책임과 권한 그리고 신뢰

헤파이스토스의 대장간, 레르네의 히드라와 싸우는 헤라클레스가 보인다 _ 필리포 라우리(Filippo Lauri)

기업은 새로운 제품을 시장에 내놓은 즉시 가공할 번개의 위력을 가져야 한다.
헤파이스토스가 만들어 낸 번개는 모두 제우스의 소유다.
번개의 품질은 헤파이스토스 손에서 결정되지만
번개의 위력은 제우스의 몫인 것이다.
마찬가지로 기업에서 만드는 제품들은
설계자와 작업자에 의해서 만들어지지만 그 제품으로부터 얻는 부와 명성,
그와 반대로 허점은 고스란히 기업이 짊어져야 한다.

번개를 쥔 자,
권리와 책임이 따른다

1

올림포스의 주인이고 열두 신들 중에서 지위가 가장 높은 신이 있다. 그는 항상 번개를 권표權表처럼 쥐고 다닌다. 바로 '제우스'다. 고대 로마시대에 권력자가 지니고 다녔던 상징물이 권표였는데, 이를 일컬어 파스케스Fasces[1]라 불렀으며 파스케스는 나무로 된 몽둥이 다발에 도끼를 끼워 넣은 형태의 의장용 무기로 죄를 지은 사람은 언제 어디서든 즉결 심판할 수 있고 형을 집행할 권력을 상징했다. 제우스의 번개는 그런 의미를 내포하고 있다. 그런 제우스에게 번개를 제공하는 신이 있는데, 불火과 대장장이 신으로 알려진 헤파이스토스Hephaistus다.[2]

헤파이스토스는 제우스와 헤라 사이에서 낳은 적장자다. 말하

---

1   이탈리아 독재자 무솔리니가 조직한 파시스트당의 이름이 여기에서 유래되었다. 또한 오늘날 전체주의 체제나 독재를 '파시즘'이라 부르는 것도 파스케스에서 따온 말이다.
2   제우스의 번개에 대한 그리스신화 원전이 다양하지만 여기서는 헤파이스토스가 제우스에게 번개를 만들어준 원전을 이용했다.

자면 왕세자인 것이다. 제우스만큼이나 높은 명성을 자랑하는 아폴론과 아르테미스 쌍둥이 남매도 제우스의 자녀인 것은 틀림없지만 제우스가 본처 헤라가 아닌 레토[3]와 바람피워 낳은 자식들이기에 적장자라고 할 수 없다. 헤파이스토스를 로마신화에서는 불카누스Vulcaus라고 하며 영어로 화산을 뜻하는 볼케이노volcano가 여기에서 나온 말이다. 그는 안타깝게도 불구의 신체에다 못생긴 용모를 가졌기 때문에 자신의 일터에 틀어박혀 외부에 잘 나타나지 않았다. 신화에 따르면, 헤파이스토스는 태어날 때 너무 못생겨서 그의 어머니 헤라가 실망한 나머지 바다로 던져버렸는데 신생아일지라도 그의 몸에는 신의 피가 흐르고 있기 때문에 던져졌을 때의 충격에도 다리를 조금 저는 정도로 멀쩡할 수 있었다고 한다.

아폴로도로스의 <신화집>에서는 그가 다리를 절게 된 이유에 대해서 좀 더 부가했는데, 제우스와 헤라의 결합 없이 태어난 헤파이스토스는 아버지 제우스의 눈 밖에 나 있었다. 그러던 중에 트로이 전쟁 때 헤라클레스여기서 헤라클레스는 그리스 연합군을 말한다가 트로이를 함락시키고, 배를 타고 떠나가는데 헤라가 폭풍을 보내 방해했다고 한다. 이 일로 제우스가 올림포스산에 헤라를 매달아 놨는데 이를 지켜본 헤파이스토스가 부부싸움을 하고 있는 부모 틈에 끼

---

3   제우스가 헤라를 만나기 전에 이미 레토를 사랑했다. 하지만 본처 자리를 헤라가 차지하면서 제우스와의 관계가 불륜으로 묘사되고 있다.

스미르나(지금의 터키)에서 발굴된 2세기경 제우스 석상. 헤파이스토스가 만든 번개창을 들고 있다.

어 어머니 헤라 편을 들다가 이번엔 아버지 제우스가 화를 내며, 그를 올림포스 밖으로 내동댕이쳤고 하늘에서 온종일 땅으로 추락한 끝에 다리가 땅에 부딪혀 그 충격으로 회복 불능 상태로 한쪽 다리를 완전히 절게 되었다고 한다.

이런 연유로 제우스는 헤파이스토스를 바라볼 때면 늘 불쌍하고 아비로서 죄책감을 가지게 되었다. 제우스가 미의 여신 아프로디테를 그의 아내로 삼게 한 데에는 부모로서의 측은지심이 작용한 것이 컸을 것이라는 추측도 가능케 한다.

헤파이스토스는 자신을 불구로 만든 부모를 원망하기보다 효심으로 부모를 공경했던 덕분에 제우스로부터 많은 신임을 얻었다. 헤파이스토스가 번개를 성심성의껏 만들어 제공했기 때문에 제우스는 최고의 자리에서 위엄을 지킬 수 있었다. 헤파이스토스가 만들어준 번개는 권력의 상징물일 뿐만 아니라 정교하고 확실하게 상대를 응징하는 무기이기도 했다. 제우스가 상대를 응징하기 위해 번개를 사용할 때는 상대에게 돌이킬 수 없는 멸망을 안겨 줄수밖에 없기 때문에 번개를 좀처럼 사용하지 않았다. 천계의 전유물인 불을 헤파이스토스의 대장간에서 몰래 훔쳐다 인간에게 전해준 프로메테우스Prometheus를 벌할 때도 번개로 처벌하지 않았고 심지어 자신들이 추악하게 살아가는 모습을 목격하고 소문 낸 시지프스Sisyphus에게도 번개로 내리쳐 처벌을 하지 않았다. 번개의 위력이 실로 가공한 것이어서 제우스조차도 두려운 무기로 인지하고 있었던 것이다. 만약 제우스가 내리치는 번개가 정밀도와 정확도가 떨어져서 응징하고자하는 대상을 향해 정확하게 내리치지

제우스의 번개창을 만드는 헤파이스토스 _
페테르 파울 루벤스(Peter Paul Rubens)

못한다면, 또한 번개를 맞았는데도 상대가 멀쩡하다면 올림포스의 왕좌를 호시탐탐 찬탈할 기회만 노리는 다른 신들을 제압하고 신계의 질서를 유지할 수 있었을까?

어찌 보면 제우스도 부왕인 크로노스Cronus를 내쫓고 찬탈했던 왕좌이기 때문에 자신도 찬탈자로서 다른 찬탈자를 늘 경계해야하는 숙명을 안고 살 수밖에 없다는 점에서 번개에 의존하는 정도가 남

다를 수밖에 없었다. 하지만 그가 번개를 사용할 때는 하늘과 땅의 질서를 혼란스럽게 하는 행위를 한 자를 응징할 때뿐이다. 예를 들면 티탄과 전쟁 때 메노이티오스와 기간테스 포르퓌리온 등 대부분 배타적 거인족들이 대부분이었다. 혼란스러운 올림포스의 권위와 질서를 확립하기 위해서 번개는 가장 강력한 무기였다. 그 외 페르세우스에 의해 목이 잘린 메두사의 피로 죽은 자를 살려냈던 의술의 신 아스클레피오스Asclepius가 벼락을 맞은 대표적인 인물인데 그의 행동이 인간의 눈에는 올바르고 선한 행동으로 보일지는 몰라도 궁극적으로는 인간 세계뿐만 아니라 신계의 질서를 혼돈에 빠뜨릴 수 있기 때문에 제우스가 보기에는 용서할 수 없었던 것이다.

품질 기반 신뢰, 기업의 무기

여기서 우리는 이 신화가 암시하는 바를 알아둘 필요가 있다. 번개가 자주는 아니지만 한 번의 응징으로도 정확하고 확실하게 완벽한 결과와 목적을 달성할 수 있다면 그것을 소유하고 있다는 것만으로도 사회의 모든 질서를 장악할 수 있고 권력을 쥘 수 있다는 의미를 내포한다. 이 의미를 제품이나 서비스의 품질로 옮겨 이해해보면, 대략 20년 전 초창기 스마트폰 제품 시장이 그러했다. 스마트폰 시장을 처음으로 활성화한 기업은 애플사였다. 제우스의 가공할 번개의 위력처럼 스마트폰은 전 세계로 급속히 확산이 되었다. 게다가 기업이 제공하는 제품의 기능이 획기적이었으며 컴퓨터와 같은 용도로 사용하는데 언제 어디서나 제약받지 않았다. 게다가 정보의 교류가 정확하고 확실하였고 완벽한 성능과 품질은 수준 높게 유지되었기 때문에 시장을 선도하고 장악^{시장을 응}징할 수 있었다. 하지만 이렇게 쥐게 된 권력으로 무차별적으로 공격하는 용도로만 사용하게 된다면, 다시 말해 시장을 장악하기 위해 다른 상대를 무차별 공격한다면 공멸할 수밖에 없게 될 것이다. 제우스의 번개는 빈번하게 사용하는 무기가 아니다.

제우스의 자제력은 상생의 길을 의미한다. 상대적 약자를 보호하고 이끌어야 할 의무와 책임이 그 권력에 내포되어 있다. 이를테면 골목시장을 대기업이 침투하여 잠식하는 일이나 대기업이 협력사에 대한 갑질 논란 등이 이런 무차별 공격과 다를 바 없다. 이렇듯 번개는 양날의 검과 같은 것이다.

그런데 만약 기업이 제공하는 제품이 고유의 성능과 품질 수준에서 그 어느 것 하나라도 떨어진다면, 마치 제우스의 번개가 정확도가 떨어졌을 때와 마찬가지로 가차 없이 그 빈틈과 허점을 노리는 다른 신들의 위협으로부터 자유로울 수 없게 된다. 땅속에는 가이아 여신이 낳은 가공할 거인족들이 유폐되어 있다. 그들이 언제 세상 밖으로 튀어나올지 모르는 일이다.

한 번의 실수는 자칫 패망으로 이어질 수 있다. 특히 사람들의 건강에 해로운 제품은 기업에 입히는 치명도가 매우 크기 때문에 한 번의 잘못으로 기업 경영을 불능 상태로 만들 수도 있다. 특히 오늘날 ESG경영이 강조되고 있는 상황에서 고객의 눈매는 그 어느 때보다 예리하고 날카롭다.

기업은 새로운 제품을 시장에 내놓은 즉시 가공할 번개의 위력을 가져야 한다. 헤파이스토스가 만들어 낸 번개는 모두 제우스의 소유다. 번개의 품질은 헤파이스토스 손에서 결정되지만 번개의 위력은 제우스의 몫인 것이다. 마찬가지로 기업에서 만드는 제품들은 설계자와 작업자에 의해서 만들어지지만, 그 제품으로부터 얻게 된 부와 명성, 그와 반대로 허점은 고스란히 기업이 짊어져야 한다. 따라서 제우스와 그의 아들인 헤파이스토스 부자지간으로서의 공감과 신뢰감도 매우 중요하다.

제우스와 헤파이스토스 그리고 번개 이 삼자 구도는 유기적인 결합체인 것이다. 이 세 점을 연결하는 관계에서 신뢰가 없다면 결합체는 유지할 수 없게 된다. 제우스는 명성을 뜻하며 헤파이스토스는 기술력을, 번개는 명성과 기술력을 발판으로 다진 지위를 상징한다. 제우스와 헤파이스토스가 서로 믿고 의지한다면 언제나 번개는 정확하고 가공할 힘을 발휘할 수 있다는 교훈을 이 신화가 암시하는 듯하다.

파에톤의 추락 _ 페테르 파울 루벤스(Peter Paul Rubens)

기업을 자신의 혈육에게만 승계하려는 자,
또는 자신과 관련한 특정 집단에 속한 사람만을 우대하고 육성하려는 자,
이런 의식에 지배된 사람을 가리켜 '본성론에 매몰된 자'라고 한다.
헬리오스가 핏줄(파에톤)에 끌려 저지른 무책임한 행동이 신계와 인간 세상에 불러 온
위기에서처럼 소유와 대물림에 앞서 기업의 안녕을 우선시해야 한다.

소유와 대물림,
기업의 안녕이 우선

2

태양의 신 헬리오스에게는 파에톤이라는 자신도 모르게 길러진 아들이 있다. 그는 요정인 클리메네가 낳았다. 헬리오스는 파에톤이 청년이 되어 자신을 찾아오기 전까지 그녀에게 자신의 아들이 있었다는 사실조차 알지 못했다. 파에톤은 요정인 어머니를 둔 덕에 자연의 풍요 속에서 건강하게 성장했다. 파에톤은 자라면서 점점 아버지의 용모를 빼닮아 잘 생겼고 성품도 호탕했으며, 그의 눈빛은 매사에 의욕과 정열로 넘쳐흘렀다. 그는 매일 동쪽에서 서쪽으로 태양마차를 이끄는 헬리오스를 늘 동경했다. 어린 시절부터 하루 종일 태양마차를 물끄러미 쳐다보는 것을 낙으로 삼았다. 이 모습을 지켜보던 어머니는 피는 못 속인다는 사실을 깨닫고 파에톤에게 태생에 관하여 이야기를 들려주었다.

"얘야, 너는 태양을 관장하는 하늘의 신 헬리오스의 아들이란다."

"어머니 그 말이 사실입니까? 헬리오스 신께 맹세할 수 있나요?"

파에톤에게 헬리오스를 찾으라고 재촉하는 클리메네 _ 헨드릭 홀치우스(Hendrik Goltzius)

"그렇단다. 아들아!"

어머니의 말을 신께 한 맹세로 확신한 그는 자신이 헬리오스의 아들이라는 사실에 자부심을 갖게 되었다. 그리고 그는 이 사실을 친구들에게 자랑삼아 이야기하고 다녔다. 그러나 친구들은 말도 안 된다며 조롱했다. 자신의 말을 믿지 않는 친구들로 인해 잔뜩 화가 난 파에톤은 어머니에게 투정 부리듯 말했다.

"어머니 제가 태양의 신 헬리오스의 아들이 맞나요? 제게 그 증거를 보여주세요. 그러면 내 말을 믿지 않는 친구들의 코를 납작하게 만들 수 있으니까요."

아들의 투정을 들은 클레메네는 "얘야, 다시 말하지만, 분명 너는 헬리오스의 아들이 맞다. 내가 왜 거짓말을 하겠니. 요정인 내가 지금 말하는 것이 증거란다."

그러나 그는 어머니의 맹세로는 성이 차지 않았다. 결국 아버지를 찾아 나서기로 하고 동쪽의 태양궁전을 향해 떠났다. 헬리오스는 금발에 잘생긴 용모의 아름다움을 가진 파에톤을 보고 첫 눈에 자신의 아들이라는 것을 알아차렸다.

파에톤의 추락

"아들아, 그동안 너를 보살피지 못해 미안하구나. 네가 소원이 있으면 하나 말해 보거라. 스틱스강에 내가 맹세하건대 너의 소원을 반드시 들어주겠다고 약속하마."

듣던 소문과는 달리 다정다감한 아버지 모습에 파에톤은 용기를 내어 소원을 말했다.

"아버지 헬리오스여, 제 소원은 아버지께서 모는 태양마차를 하루만 몰아보는 것입니다."

이 말을 들은 헬리오스는 깜짝 놀라 그것만은 절대 안 된다고 고개를 가로저었다. "하필 네 소원이 태양마차를 모는 것이라니, 내가 정말로 경솔했구나. 태양마차를 모는 것만큼은 네게 절대 맡길 수가 없구나. 이 일은 모든 신의 왕인 제우스조차도 할 수 있는 일이 아니란다. 더군다나 너는 힘이 없어 고삐를 틀어쥐기에는 부족하단다. 천궁에는 무시무시한 황소자리가 씩씩거리고 있고, 전갈자리는 독침에 독액을 듬뿍 발라서 자신의 주위에 오는 모든 적을 찌르려고 한단다. 또한 게는 커다란 앞발 집게로 공격하려고 호시탐탐 노리고 있단다.”

헬리오스는 아들을 극구 말리며 설득했다. 그러나 파에톤은 이미 굳힌 결심을 포기할 생각이 없었다. “아버지 헬리오스여, 스틱스강에 맹세를 하면 신이라고 해도 약속을 번복할 수 없다고 들었습니다. 제발 저의 소원을 들어 주십시오.”

헬리오스는 자신이 한 맹세를 한탄하며 마차를 담당하는 신하를 불러 불을 토해내는 천마 네 필과 태양마차를 준비시켰다. 이윽고 헬리오스는 말고삐를 파에톤에게 넘겨주면서 이렇게 이른다.

“아들아, 손에서 절대 고삐를 놓지 말거라.”

그리곤 태양이 떠오를 시간이 되자 헬리오스가 말 엉덩이를 손바닥으로 후려친다. 태양마차는 그 즉시 하늘로 솟구치며 무서운 속도로 달리기 시작했다. 말은 그동안 헬리오스를 태우고 달렸기 때문에 그의 육중한 무게와 고삐를 잡아채는 힘을 기억하고 있었다. 그런데 오늘은 어쩐지 가벼워진 마차의 무게로 어안이 벙벙하여 무조건 전속력으로 달리기만 했다. 더 이상 파에톤이 통제할 수 없을 정도로 말이 날뛰기 시작했다. 그러던 순간 파에톤은 말고삐를 놓치는 실수를 저지르게 된다. 중심을 잃은 태양마차는 이리저리 온 하늘과 땅을 헤집고 다녔다.

이 사고로 인해 나일강은 불길을 피하려고 사막 어딘가에 처박았는데, 이후로 나일강의 발원지를 알 수 없게 되었다고 한다. 태양마차가 훑고 지나가는 자리는 나무와 숲, 동물과 곡식 모두가 불에 타 잿더미가 되어 버렸고 강물은 증발하여 땅은 쩍쩍 갈라졌다. 대지의 여신은 자신의 피부가 거북등처럼 갈라지는 고통을 참다못해 제우스에게 절규하며 대책을 세워달라고 요청한다.

"이러다간 올림포스산도 온전하지 못하겠구나!" 웬만해서는 번개를 사용하지 않으려 했던 제우스는 헬리오스에게 어쩔 수 없다는 표정을 지으며 파에톤을 향해 벼락을 내리쳐 마차에서 떨어뜨린다.

후계자의 자격 검증은 필수

이 이야기는 아버지가 이룩해 놓은 업적을 탐을 내며 섣부른 욕심을 부리면 추락하고 만다는 교훈이다. 아직 기업 경영에 미숙한 2세들을 훈육할 때 인용하면 좋은 신화다. 그러나 저자는 이 신화를 다른 관점에서 재해석했다. 파에톤의 불행이 자신의 섣부른 행동에서 비롯되었다기보다는 헬리오스가 자기 자식이라는 이유만으로 검증 절차도 없이 어떤 소원이든 들어 주겠다고 약속했던 행

네덜란드 조선업 중심지 잔담에서 일한 표트르를 기념하는 동상. 표트르는 자신을 '황제이자 목수'라고 할 정도로 직접 배우고 실천하는 지도자의 모범을 보여주었다.

위가 얼마나 위험천만한 일인지를 보여주는 신화로 보고 있다.

다시 말해 아들이 자신의 기업을 이어받을 권리를 우선적으로 가지고는 있을지라도 그것을 절대원칙으로 삼아서는 안 된다고 보는 것이다.

파에톤이 비록 신의 아들이라 할지라도 그가 태양마차를 끌기 위해 정해진 교육과 훈련을 받아야 하고 필요하다면 모의실험을 통해 전문가로부터 인정을 받는 평가과정도 필요했다. 때로는 신의 혈통을 훈련시키는 훈련대장 케이론Chiron[1]에게 입문시켜 하늘에 도사리고 있는 황소나 전갈, 게, 사자 등의 수많은 적과 싸워서

---

1   그리스신화에 나오는 인물로 반인반마(伴人半馬)의 모습을 한 켄타우로스족이다. 그는 현인(賢人)으로 헤라클레스, 아킬레우스, 이아손, 아스클레피오스 등의 스승으로도 알려져 있다.

물리칠 수 있도록 검술과 궁술을 익히게 해야 했으며, 용기와 미덕이라는 도덕과 예의범절도 가르쳐 아버지가 어떤 강건한 심장으로 천하를 호령하고 자연을 다스렸는지를 배울 수 있도록 지도해야 했다. 그뿐 아니라 태양마차는 하늘에서 가장 뜨겁고 육중한 물체를 실어 나르는 운반 도구이기 때문에 기본적으로 튼튼하고 정교한 기술이 탑재되어 있었을 것이다. 따라서 '헤파이스토스Hephaistos' 대장간에 파에톤을 도제徒弟로 입문시켜서라도 태양마차 제조기술을 몸으로 익힐 수 있도록 하는 이른바 'OJTOn the job training'를 통해 담금질을 시켜야 했다. 이는 18세기 러시아에서 표트르 대제Pyotr I, 1672~1725가 몸소 보여 준 모범이 러시아인에게 대대로 귀감이 되고 있는 것과 같은 맥락이다.[2] 엄정하게 짜인 훈련일정을 모두 마친 후라도 파에톤이 과연 태양마차를 이끌고 세상의 낮과 밤을 지배할 수 있는 책임자로서 짊어져야 할 무게를 감당할 수 있는 재목인가를 매의 눈으로 관찰해야 했다.

---

2   러시아의 표트르 대제는 자신의 신분을 속이고 네덜란드 잔담(Zaandam)으로 잠입해 세계에서 가장 큰 동인도회사 조선소에서 직공으로 일한 적이 있다. 그곳에서 선박 제조기술을 익혀 뒷날 러시아를 세계에서 가장 강한 해양강국으로 이끌었다는 일화는 유명하다.

사비니 여인들의 납치 _ 니콜라 푸생(Nicolas Poussin)

아탈로스 3세는 로마에게 이런 제안을 한다.
"로마에 나의 영토와 백성을 기증하겠소.
대신 나의 백성은 로마의 시민으로 떳떳이 살게 해주시오."
그가 이렇게 파격적인 제안을 할 수 있었던 데는 로마라는 나라의 약점이
어디에 있고 무엇이 절실했는지를 정확히 꿰뚫어 보았기 때문이다.
이를테면 '관찰의 힘'이라고 할 수 있다.
현장의 품질 혁신을 이루기 위해서는 끊임없는 관찰을 통해
정말 필요한 혁신이 무엇인지를 찾는 것이 중요하다.

왕의 고독한 판단, 백성이 우선

3

BC 133년 정치보다는 학문에 더 뜻을 두었던 페르가몬Pergamon의 왕 아탈로스 3세Attalos III는 아나톨리아반도의 광활한 영토지금의 튀르키예를 3차에 걸친 포에니카르타고 전쟁을 승리로 이끈 로마에 기증한다는 유언을 남기고 죽었다. 그의 유언을 두고 오늘날 상반된 의견과 평가가 엇갈린다. 현대인의 시각으로 볼 때 공부하고 독서하는 것을 좋아하는 자신의 취미만을 중요하게 여기고 위태로워진 나라와 삶이 고달픈 백성의 아우성을 등한시한 배신자의 모습으로 비춰지기도 한다. 하지만 다른 한편으로는 당시 페르가몬을 둘러싸고 있는 여러 강대국의 이해관계와 국제정세를 깊이 있게 고려한 끝에 백성을 도탄에서 구하고자 자신의 모든 것을 포기한 위대한 왕이라는 해석도 있다.

시대가 변하면 역사적 해석도 변하는 것이다. 그 당시의 페르가몬은 몹시 위급한 상황이었다. 그 상황을 고려했을 때 자신의 나라를 로마에 기증한 것은 국민을 위한 자구책이었을 것이다.

영국의 사회학자 존 스튜어트 밀1806~1873은 역사적 해석이 변하는 것은 시간에 따라 진리가 변하기 때문이라고 했다. 그리고 2세기경 로마의 수필가 아울루스 겔리우스는 "진리는 시간의 딸이지 권위의 딸은 아니다"라고 말했다. 그래서 흔히 "그때는 맞고 지금은 틀리다" 또는 "그때는 틀리고 지금은 맞다"라는 말이 나오는 것이다. '민족주의' 또는 '민족자결주의'가 당연시 되는 현대인의 의식으로는 아탈로스 3세의 판단을 두고 비판이 거셀 수 있겠지만, '공동체'라는 이데올로기가 상대적으로 약한 그 당시의 상황에서는 그의 판단이 옳은 일일 수 있는 것이다.

한편 오늘날 위정자 중에서 어떤 사람이 자신의 국민을 보호한다는 명분으로 부유하고 강대한 국가에 나라를 기증해야 한다고 말하면 어떤 일이 벌어지게 될까? 지금의 러시아와 우크라이나 전쟁은 우리에게 무엇을 시사하고 있는가? 과연 지금도 국민의 생명을 지킨다는 명분으로 국가나 영토를 양도할 수 있을까? 하지만 2000년 전에는 국가라는 정체성보다 생산성의 주체인 백성의 생명이 더 소중했을지도 모르는 일이다.

국가의 안녕 위한 과감한 결단

두 평판은 정확히 흑과 백으로 구분된 바둑알처럼 갈리는 의미이다. 그래서 미지의 대상역사을 평가할 때 중립적인 위치에서 그 정답을 가려내기란 쉽지 않다. 만약 미지의 상황을 어떻게든 결론을 내리고자 한다면 문제의 중심에 있는 대상을 양가적 관점에서 바라보아야 한다. 그래야만 가장 정확한 답을 찾을 수가 있다. 이러한 측면에서 헤겔의 변증법은 가장 적절한 솔루션을 제공한다.

변증법은 '정', '반', '합'의 과정으로 이루어진 체계로 되어 있다. 혼돈의 논리 속에서 변증법을 구성하는 각각의 논리가 자신의 몫으로 주어진 목소리를 한껏 내고 제 역할을 충실히 이행하면 어딘가에서 자연스럽게 해답이 도출되어 나타난다. 바로 집단지성의 힘이다. 수소원자 두 개와 산소원자 하나가 결합하면 전혀 다른 물질인 물H_2O이 생성되는 것과 같은 이치다. 오늘날 의회민주주의를 표방하는 나라에서 보여주는 국회의 의정 활동이란 것이 바로 이 구조다. 마치 멈추려는 팽이의 운동에 채찍을 가하면 팽이가 꼿꼿이 서게 되는 원리와 같다.

다시 정리하자면, '정'과 '반'이 정확히 반대를 지시하는 대척점 위치에 있고 그 혈투를 통해 유도해 낸 해답이 '합'이다. 그렇게 도출된 합의 과정은 온갖 수렁과 가시밭길을 겪어 왔기 때문에 그 어떤 반대급부가 쿡쿡 공격해 들어와도 자신의 목소리를 잃지 않게 된다. 그런 측면에서 저자는 아탈로스 3세에 대해 대다수가 혹평을 내놓더라도 소수의 그룹에서 그의 치적을 논하는 자리에 서려는 것이다. 그것이 역사를 제대로 보고 종합할 수 있다고 생각하고 있기 때문이다.

저자의 생각을 피력하자면 이렇다. 당시 페르가몬의 땅과 바다를 에워싼 강대국 중에서 로마는 갈리아 전 지역과 이베리아 반도, 북아프리카에 이르는 광활한 영토를 막강한 군사력을 앞세워 정복사업을 벌이던 중이었다. 에게해 건너의 마케도니아는 알렉산드로스 대왕 시절부터 당시 페르시아 영토였던 페르가몬을 지속적으로 괴롭혀 왔다. 자신의 왕국을 둘러싼 여러 강대국의 정세가 심상치 않은 상황에서 백성을 구할 방법을 강구해야만 했던 아탈로스 3세는 이루 말할 수 없는 고민과 고통을 감내해야 했을 것이다. 이런 사면초가 상황에서 내린 결단이란 점을 상기한다면 그가 진정한 성군임을 깨달을 수 있을 것이다. 그가 로마에 나라를 기증하겠다는 결심을 하게 된 데에는 서번트 리더십Servant leadership[1]의 기지가 발휘된 것으로 여겨진다. 사람이 살아가는 동안 욕망과 욕심 때문에 번뇌하지 않는 오직 한순간이 있다면 자신의 죽음 앞에서일 것이다. 그가 내린 결정은 죽음을 앞두고 남긴 유언이었다. 그 어느 때보다도 자신을 위한 사리사욕이 말끔히 정제된 상태에서 남은 거라곤 국가의 안녕뿐이었을 것이다.

---

[1] 인간 존중을 바탕으로 섬기고 봉사하는 자세로 구성원들을 후원하고 지지함으로써 잠재력을 이끌어 내는 지도력.

'관찰의 힘'으로 핵심을 꿰뚫다

당시 로마제국은 영토 확장 사업을 추진해 오고 있었다. 이 사업이 성공하려면 국가의 기반이 되는 국민의 수가 되도록 많아야 유리했다. 병사와 시민은 물론이고 평민과 농민, 노예는 국가 기반을 이루는 필수 요건이었다. 고대 로마제국 입장에서 무엇이 절실했는지를 명확하게 간파한 아탈로스 3세는 특별한 제안을 하게 되는데, 그가 파격적인 제안을 할 수 있었던 데에는 로마라는 나라의 약점이 어디에 있고 무엇이 절실했는지를 정확히 꿰뚫어 보았기 때문이다. 이를테면 '관찰의 힘'이라고 할 수 있다.

그는 로마를 상대로 다음과 같이 딜Deal'을 했다.

"로마에 나의 영토와 백성을 기증하겠소. 대신 나의 백성은 로마의 시민으로 떳떳이 살게 해 주시오."

사실 페르가몬 입장에서는 정복을 목적으로 쳐들어오는 로마를 상대로 싸워 이기는 것이 상책이었다. 하지만 당시 세계 최강의 로마를 상대로 대항한다는 것은 어리석은 짓임을 잘 알고 있었다. 굳이 승산을 기대할 수 없는 전쟁을 벌여서 가뜩이나 위급 지경인 나라와 백성을 도탄에 빠뜨리는 것은 차마 왕의 도리가 아니라고 생각했기에 묘책을 낸 것이다. 그 당시에 로마가 어디가 가렵고 무엇이 절실했는지 몰랐다면 이런 제안은 씨알도 안 먹혔을 것이다.

그가 이런 파격적인 결정을 할 수 있었던 데에 덧대진 용기가 더욱 빛을 발했는데, 그것은 그가 로마의 건국이념을 잘 알고 있었기에 가능했다. 로마는 일찍이 '올바름Virtus'과 '신의Fides', '경건Pietas', '위엄Dignitas'을 국가가 존립할 수 있는 정신이며 정의라고 여겼고 그 전통을 유지해 왔다.

특히 피보호자를 기만하지 않는 정책을 중요시 여긴다는 사실도 잘 알고 있었다. 그런데다 로마는 BC 8세기 로물루스에 의해 창건되었던 '라티움' 시절부터 거대제국으로 거듭나기까지 핵심 정책으로 추진해 온 사업이 주로 이웃한 나라의 백성에게 시민권을 내어주는 대신 나라를 통합하고 확장하는 방법을 이용했다는 사실도 알고 있었다. 이런 영토 확장의 방법은 오늘날 연방국가체제로 결속하는 부분과 비슷하다.

로마제국이 모든 국가를 이런 식으로 편입시킨 것은 아니다. 라티움 주변에 흩어져 있고 언어가 통하는 군소국가 사비니족이나 에트루리아족과 같은 동족에 대해서는 로마시민으로 편입시킨 반면 사르디니아, 코르시카, 시칠리아, 이스라엘 등의 이방인은 속주로 편입시켜 총독을 파견하여 다스렸다. 이런 속주체제의 정책은 근대 스페인과 영국, 일본 등의 강대국이 국가 간 외교의 우위권을 취득하기 위해 전개했던 식민지 정책과 비슷하다. 아탈로스 3세가 언어도 잘 통하지 않는 나라에 자신의 백성을 맡기고 당당하게 시민으로 살 수 있게 한 일은 당시로선 전대미문의 사건이었다.

로마의 급진주의자와 반대 세력들은 정복 전쟁만이 유일한 길이라고 주장했을 것이다. 추측건대, 로마가 그의 제안을 두고 내부적 갈등과 외연적 명목 충돌을 겪었을 것이다. 그래서 아탈로스 3세의 제안을 선뜻 받아들이기는 어려웠을 것이다. 하지만 로마는 수백 년 동안 전쟁이란 수단으로 정복사업을 펼쳐 지칠 대로 지친 상태였기 때문에 싸우지 않고 영토와 백성을 획득하는 것만큼 이득 되는 일이 없다고 생각한 온건파 세력들도 있었다. 그러므로 결국 그들이 손익분기점을 따져보니 온건파의 주장이 유익하다고 판단했을 것이고 결국 이런 갈등을 겪고 나서야 이방인에 불과한 민족을 자신의 시민으로 받아들이게 되었던 것으로 추측된다.

어쨌든 위대한 로마가 이런 결정을 하게 된 것은 궁여지책이었다. 이 역사적 사건이 머지않아 티베리우스 그라쿠스Tiberius Gracchus와 가이우스 그라쿠스Gaius Gracchus 형제가 일으킨 위대한 토지개혁으로 연결되어 로마 내란의 분화구가 되기도 한다. 그래서 저자는 막연히 그가 나라와 백성을 포기한 상황만을 볼 것이 아니라, 2000년 전의 역사라는 점에서, 그리고 그에 대한 사료가 많지 않다는 점을 고려해서 그 판단의 내막에 깔린 애틋한 애민정신을 들여다보아야 한다는 것이다.

태양마차의 운행 허가를 받는 파에톤 _ 요한 미하엘 로트마이어(Johann Michael Rottmayr)

아들에 대한 어긋난 사랑으로
신계와 인간계를 위기에 빠뜨린 그리스신화 속 아폴론,
영토를 포기하고 백성의 안녕을 도모한 페르가몬의 왕 아탈로스 3세.
이 두 가지 사례는 소유와 욕망에서 자유로울 수 없는
지금의 경영자들에게 많은 것을 시사해주고 있다.

'당장의 영화' 아닌
'미래의 영광'을 추구하라

4

　　대한민국은 자본주의를 근간으로 하는 사회이기에 자신이 소유한 재산에 대해서 상속세나 증여세를 정상적으로 납세한 뒤 자손들에게 이를 대물림하는 것에 죄를 묻지 않는다. 심지어 하버드대학교 경제학과 그레고리 맨큐Nicholas Gregory Mankiw 교수는 기업이 이룩한 성과의 본질을 주시하며 상속세의 폐지를 강하게 주장하기도 했다.

　　그가 상속세를 부정하는 데에는 "사는 동안 재산을 탕진한 사람은 세금을 한 푼도 안 내는 반면, 피땀 흘려 모은 재산을 자손들에게 물려주는 사람에게는 가혹하리만치 세금을 물리는 것이 불공평하다"는 이유에서다. 그러나 저자는 기업의 번영과 천년을 영위하는 사업으로 후세에 남기기 위해서는 재산세나 상속세 따위를 납세하고 안 하고의 관점에서 볼 것이 아니라 기업주가 기업을 단순히 자신의 '전유물이나 소유물로 생각하느냐?' 또는 '직원 모두의 공동 소유로 생각하느냐?' 하는 두 관점 사이에 그 원초적인 방법이 있다는 것을 제시하려고 한다.

'소유'와 '특권'에 매몰되다

자신이 이룬 기업이라고 해서 자신의 소유물로 생각하는 사람의 의식 속에는 회사가 지금까지 성장하는 과정에서 자신과 같이 일하며 동고동락한 다른 사람의 피와 땀은 한 방울도 그 성과에 결부시키지 않겠다는 생각이 침전되어 있다. 이런 심리의 내막에는 성과를 뒷받침하는 모든 사람의 피와 땀은 결코 가치로 표현할 수 없다는 이유에서다. 말하자면 과정을 경시하는 이른바 '결과론적' 관점이 자리하고 있다. 결과론에 경도된 사람은 오로지 가시적 성과와 결과만 중시할 뿐이다. 반면에 공동체 의식을 우선으로 하는 사람들은 자신과 함께하는 과정에서, 어려웠던 시절에 같이 흘렸던 동료들의 피와 땀을 무엇보다도 소중히 여기는 마음을 가지고 있으며 그것을 가장 큰 덕망으로 삼고 있다.

두 부류 간에 나타난 극명한 차이는 기업의 영속성에 시드Seed가 되어 '천년을 영위하는가?' 아니면 '고작 몇 년 만을 버틸 것인가?'로 귀결된다.

두 부류의 인성에 대해서 말을 덧붙이자면, 전자의 경우는 대부분 자신과 같이 일한 사람들의 고충에 대해서 자신의 경제관념과 사고방식으로 고충 내용을 일갈하거나 단정해버리는데 능통하고 이에 숙달되어 있다. 그들은 자신이 고용한 사람에 대해서 관계의 저변에 깔린 가장 소중하게 여겨야 할 인간이라는 가치를 무시한 채 오직 협약문서에 매몰되어 '일차원적 관계' 관점으로만 고용인을 취급하게 된다. 사람을 대할 때 용도의 활용 가치만 따져 칼로 무 자르듯 쓱쓱 베어버리는데 익숙하다. 이들은 노동·경험·지식 등의 유효자원을 오로지 화폐단위로 소통되고 교환되어야 한다고 믿고 있으며 이와 상응하는 '등가처리'만을 모색한다.

　자신이 고용한 사람들이 흘린 피와 땀으로 이룩한 기업 위에서

파에톤의 추락 _ 한스 로텐함머(Hans Rottenhammer)

향유하는 자신의 행복과 풍요는 그것과 별개라고 생각한다. 즉 잉여가치의 모든 권리는 자본에 있다고 주장하는 태도에 젖어 있다. 사회심리학자 에리히 프롬Erich Fromm, 1900~1980은 이런 성향에 지배된 사람이 불러일으키는 폐단에 대해서 자신의 저서 <소유냐 존재냐>를 통해 강하게 비판했다. 그는 가진 자들이 가지지 않은 자들보다도 더 많은 욕심을 부리는 데에는 그런 사람들이 대부분 소유 성향이 강하기 때문이라고 지적했다. 즉, 소유욕이 문제라는 것이다.

집착적 소유욕에 강하게 결박된 사람은 '배려'를 '버림'이나 '빼앗김'으로 인식한다. 병적으로 재산에 몰두한다. 자연이 허락하는 적절한 소유의 규모로는 만족하지 못하고 자신이 추구할 수 있는 동력의 최대치를 오직 한 곳, 돈에 응집시켜 남들보다 더 많이 가지려고 발버둥 친다.

보다 많은 것을 가지기 위해 허우적대는 그들의 심리를 들여다보면 사물에 대한 소유에서 부가적으로 따라붙는 특권에 눈독을 들이고 있다는 사실도 발견할 수 있다. 즉, 재산 소유의 규모가 커질수록 강해지는 타인에 대한 지배력이 그 유혹의 씨앗이다. 타인을 지배한다는 것은, 중독성이 강해서 권력혹은 지배력이 소유욕에 앞서는 전도현상이 나타나기도 한다. 이런 욕망에 사로잡힌 사람들은 '낙타[1]가 바늘귀로 들어가는 것보다 어려운' 자신의 감정을 실감하면서 이타심은 불가능한 전제임을 천명한다.

프롬은 소유욕에 집착된 인성들이 서로를 만나게 되면 '보이지 않는 손'에 이끌려 사회의 이익과 잘 조화할 것이라는 시장 논리에 대해서 회의적인 시각으로 바라보았다. 기본적으로 소유욕은 마주한 대상을 무생물로 취급하고 죽게 만들기 때문이라는 것이다.[2]

이런 심리가 팽배해 있는 공간에서 사람들이 과연 호혜적인 관계가 유지될 수 있을까?

소유의 욕망에서 벗어나라

그렇다면 후자에 속하는 사람들은 과연 어떤 사람들일까? 이런 사람들의 의식을 형성하는 모든 관계 요소의 깊은 내면을 들여다보면 보통 사람이 감히 흉내를 내기 어려운 도덕률과 고귀한 품성들이 해변의 조약돌처럼 마음 한가득 채워있다. 그뿐만 아니라 그 심성 중앙에는 자신이 소유한 지금의 모든 권리는 사회에서 창출된 것이므로 다시 사회로 되돌려야 한다는 생각이 등대처럼 자리하고 있다. 그런 마음을 가진 자는 실로 고귀하다. 고귀한 심성은 허투루 자신의 재산을 낭비하지도 않는다.

---

1   성경에서는 낙타로 표현하였으나 발음이 비슷한 밧줄이 맞다는 설도 있다.
2   <소유냐 존재냐>에서 일본의 바쇼, 영국의 테니슨, 독일의 괴테가 꽃이라는 대상을 두고 쓴 각각 시에 대해서 분석했다. 이들 시에서 소유심리와 존재심리가 대상물인 '꽃의 생명'에 얼마나 영향을 주게 되는지를 에리히 프롬이 멋지게 묘사한 대목이 나온다.

평소에 근면 검소한 생활을 실천한 사람은 그것이 습관이 되고 습관은 자연스럽게 몸에 밴 일상이 되어 다른 사람으로 하여금 존경과 사랑을 받게 만든다. 그 대표적인 인물로는 홍콩의 유명 배우 주윤발周潤發을 꼽을 수 있다. 그는 한화 가치로 8,000억 원2019년 기준에 달하는 재산을 소유하고 있으면서도 평소 근검절약하는 소박한 생활을 하고 있는 것으로 잘 알려져 있다. 어려웠던 시절 세상과 약속한 자신의 신념을 억만장자가 된 지금도 꾸준히 지키고자 노력하고 있으며 솔선수범하고 있다. 이런 그의 모습이 세상에 얼마나 귀한 메시지를 던져주고 있는지 우리는 매스컴을 통해서 알고 있다.

오늘날 기업의 번영은 사회적 책임과 맞물려 관계할 수밖에 없게 되었다. 기업이 상생의 길을 저버리고 독불장군식의 경영만을 횡행한다면 사회적 지탄을 모면하기 어렵다. 따라서 앞으로 기업의 미래는 기업을 경영하는 사람들이 '소유욕을 얼마나 크게 그리고 강하게 행사하느냐?'에 달려있는 것이 아니라 오히려 '소유하고자 하는 욕망을 얼마나 줄일 것인가?' 그리고 '사람들에게 어떻게 베풀고 자신과 관계하는 이해관계자 또는 인류와 지속가능한 투자를 위해 자신의 부를 어떻게 활용할 것인가?'하는 '노블리스 오블리주Noblesse Oblige' 정신이 요구되고 있다. 우리는 이런 배려를 바탕으로 자신과 관계하는 사람들을 포용하는 것이 앞으로 기업의 미래를 결정한다고 해도 과언이 아닌 시대에 살고 있다. 오늘날 ESG경영이 바로 이런 삶의 지표를 제시하고 있다.

'미래의 영광'을 추구하라

비슷한 사례로, 소유욕이 강한 사람은 비단 혈연관계뿐만 아니라 자신의 정체성을 설명해 주는 배경에 불과한 출신학교, 고향, 직업 등의 요소에 집착한다. 자신의 주관적 신념으로 선발한 사람들을 자신의 주위에 호위병처럼 에워싸듯 배치하고 백년지세百年之勢를 영위하려는 사람들은 언젠가는 어떤 한목소리에 홀려있는 자신의 모습을 발견하게 될 것이다. 평소에는 스스로가 자신의 본모습을 보지 못한다. 그 목소리는 정언명령과도 같은 것이어서 자신이 하는 모든 행동이 이에 맞추어져 정당화될 뿐 그림자로 드리워진 잘못이나 오류에 대해서는 전혀 알지 못한다. 그 목소리의 정체는 아리스토텔레스의 케케묵은 유훈이다. 즉, '주인의 지위가 후천적으로 얻은 지식 때문이 아니라 자신이 타고난 것의 탁월성 때문이다'라고 했던 정언명령이 그것이다. 이런 의식에 사로잡힌 사람을 가리켜 '본성론에 얽매인 사람'이라 한다.

회사나 조직의 인사 정책에서 중요한 보직은 아예 자기 사람이나 특정 출신성분을 가진 사람만으로 채워놓고 때마다 그들에게만 혜택을 주거나 아니면 일종의 '엘리트 코스'를 규정하여 알짜배

아리스토텔레스(BC 384~322)는 '사물의 본성에는 저마다 주어진 목적이 있다'라는 목적론 중심의 글을 <정치학>, <니코마코스 윤리학>, <에우데모스 윤리학> 등에 썼다.

기 이익이 그들에게 돌아가게끔 만든 사람들이 이에 속한다.

　그들은 인재의 가치에 대해서 자신의 감정이나 이익에 부합하는 '타고난 탁월성'만을 잣대로 삼을 뿐 사람마다 가진 개별적인 다양성에 대해선 공감하지 않는다. 더욱이 자신의 시야 밖에 있는 사람들, 즉 '아웃사이더'라 지칭되는 사람들에 대해선 일체 관심조차 주지 않는다. 그뿐만 아니라 좀처럼 등용의 길도 열어주지 않는다. 그래서 아웃사이더는 일종의 여성 차별의 용어로 사용되는 '유리 천장'과 비슷한 좌절의 경험과 차별을 겪어야만 한다.

　인사정책의 권한을 쥐고 있는 책임자는 보다 넓고 깊은 혜안으로 미래를 생각하고 다양한 인재를 골고루 등용하는 이른바 '탕평'을 전개해야 한다. "한국 사회의 정의를 논하려면 '정'과 '의리'가 개입할 수 있는 여지를 최소화해야 한다"고 했던 말을 굳이 곱씹지 않더라도 역사적으로 볼 때 소유욕에 지배된 사람들이 모두 지탄받았던 여러 사례를 상기한다면 '당장의 영화냐' 아니면 '미래의 영광이냐'를 잘 판단할 수 있을 것이다.

아르고호 _ 로렌초 코스타(Lorenzo Costa)

아르고호 원정대는 여정의 초반, 결사의 목적을 망각하고
쾌락에 취하여 렘노스섬에 머무르게 된다.
이들을 일깨운 것은 미덕을 선택한 헤라클레스의 일성(一聲)이었다.
우리는 흔히 자신이 속해 있는 집단의 문제를 발견하고도
모른 척 하거나 묵인하는 대세의 흐름에 동조하곤 한다.
그러나 이러한 침묵은 결국 자신과 집단에 독이 되어 돌아올 터,
대세를 거스를 수 있는 용기를 가질 때 진정한 영웅이 될 수 있다.

'반대'를 외치는 용기, 조직의 건강한 발전 이끈다

5

　'아르고호 원정대'를 이끈 리더는 이아손Iason이다. 이아손이 원정대를 이끈 것이라면 명칭을 당연히 그의 이름을 따서 '이아손호의 원정대'라 칭해야 마땅하다. 그러나 원정대원 가운데 그다지 활약이 미약하고 두각도 없는 '아르고스'의 이름을 붙인 이유는 무엇일까?

　당시에 아르고스는 그리스에서 가장 뛰어난 솜씨를 자랑하는 목공이었다. 이올코스Iolcos의 왕 펠리아스Pelias[1]의 주문에 따라 황금양털을 찾아 콜키스Colchis로 향하기 위해서 에게해와 마르마다해, 흑해를 가로질러 가야 했기 때문에 튼튼한 배가 있어야만 했다. 따라서 아르고스의 기술이 반드시 필요했던 것이다. 아르고스는 이아손의 요청에 따라 원정대가 타고 갈 거대하고 튼튼한 함선

1　이아손의 아버지 아이손(Aeson)의 이복형제로 아이손을 쫓아내고 이올코스 왕국을 찬탈한 그의 삼촌이다.

을 건조했다. 그런 이유가 가미되어 이 신화의 타이틀은 배를 만든 사람의 이름을 높이 사서 '아르고호 원정대'라는 이름이 붙게 된 것이다.

이아손의 할아버지 크레테우스Cretheus는 이올코스를 건국했다. 크레테우스는 코린토스를 세운 시지포스와 형제지간이기도 하다. 시지포스의 등장은 인간의 이성이 급발전하게 되는 동인을 제공했다는 데에 역사적 의미가 있다. 시지포스가 올림포스에 사는 신들을 향해 항거한 날을 기점으로 인간은 이성의 성숙도가 날로 무르익어 갔으며 급기야 금기시했던 신들의 사생활신들의 문란한 삶을 감히 인간이 희극과 비극의 소재로 삼아 우스갯거리로 만들었다. 그의 등장으로 말미암아 신의 지위가 나락으로 떨어졌다. 그러다가 유일신이 그 자리로 대체되면서 유럽에서는 천년의 세월을 인간 이성이 이에 종속된 적이 있었지만, 또 역시 인간이 사물의 이치에 대한 호기심에 눈을 뜨면서 자연의 원리와 공리가 자연계에 존재한다는 것을 알고, 그것을 이용할 줄 알면서 과학을 연구하는 인간이 나타나기 시작했다. 그때가 지금으로부터 불과 500년 전의 일이다.

20세기 후반 '실존주의'라는 사상이 불꽃처럼 활활 타오르면서 신의 존재를 부정하기에 이르렀다. 이런 사고에 불을 지핀 최초의 인간은 따지고 보면 시시포스다. 인간이 '생각하는 존재'로 불리게 된 소위 호모사피엔스 계보를 따라가 보면 어느 시점에서 갑자기 '이성적으로 생각하는 존재'의 줄기가 나타나는데, 그 줄기의 최상위 꼭짓점에 시시포스가 있다. 그가 남긴 불씨는 이후 과학으로, 과학은 인간의 지위를 허구의 권력으로부터 해방하는 연쇄반응을 일으켰다.

생각의 무능이 행동의 무능으로

이아손이 '아르고호 원정대'를 모집했을 때 원정길을 자원한 인물들로는 바다의 신인 포세이돈의 아들 안카이오스Ancaeus, 북풍의 신보아레스의 아들 제테스Zetes와 칼라이스Calais 형제, 태양의 신 아폴론의 아들 오르페우스Orpheus, 제우스의 아들 헤라클레스와 폴리데우케스Polydeuces 등을 포함해 50명에 이른다. 원정대는 오르페우스가 리라를 연주하는 가운데 콜키스로의 항해를 시작했다.

그리스에서 콜키스[2]까지 바닷길은 세 개의 바닷길로 이어진 험난한 여정이다. 그들의 모험 길에서 처음 들른 곳이 렘노스Lemnos 섬이다. 이 섬에는 여인들만 살고 있었다. 이 섬에 남자가 없는 이유에는 사연이 있다. 섬 여인들이 아프로디테를 모시는 일을 소홀히 하자 아프로디테가 이를 괘씸히 여겨 여인들의 몸에서 악취가

---

2   오늘날 흑해 동쪽에 위치한 '조지아(Georgia)'를 가리키며 과거 그루지아라고 불렸다.

아르고호 원정대의 출발 _ 지오반니 디 루테로(Giovanni di Lutero)

풍기도록 했다. 그날 이후로 남편들로부터 여인들이 버림받게 되었다. 이에 분개한 여인들은 각자의 남편을 죽이기로 모의를 하고 고기잡이를 간 남편들이 돌아오자 계획대로 차례차례 죽였다. 그뿐만 아니라 자신들이 낳은 아들까지 모두 죽였기 때문에 섬에는 남자가 한 사람도 살지 않게 되었다.

 램노스섬의 여왕은 힙시필레Hypsipyle였다. 그녀는 아르고호에 탑승한 50명의 영웅을 극진히 맞이했다. 그러던 중에 그녀를 지키는 유모 폴릭스가 여왕에게 고하길 "여왕 폐하, 섬 여인들이 하나둘씩 늙어갑니다. 머지않아 이 섬은 여인들이 아이를 낳지 못해 황무지가 될 것입니다. 지금이 문제를 해결할 절호의 기회입니다.

아르고 원정대 영웅들을 각자의 집으로 초대하게 하세요. 그래야 문제를 해결할 수 있습니다."

힙시펠레는 아르고 원정대가 있는 숙소로 찾아가서 "이 섬의 여인들 중에서 마음에 드는 여인이 있다면 고르시고 여인들 집에서 며칠만 더 묵고 가시면 어떨까요?"라고 제안했다.

이에 이아손과 다른 영웅들도 흔쾌히 승낙했다. 이아손은 힙시펠레와 묵기로 결정하고 다른 영웅들도 여인들에 이끌려 자유롭게 교제하며 시간을 보냈다. 다만 이아손의 이런 결정에 반대하고 아르고호에 머문 영웅이 있었다. 그가 바로 '헤라클레스'다. 헤라클레스는 키타이론산에 올라갔을 때 쾌락을 관장하는 요정과 미덕을 관장하는 요정 둘에게 "인생의 목적을 위해 우리 둘 중에서 누구를 선택할 것인가?"라고 질문을 받은 적이 있다. 이에 그는 서슴지 않고 미덕의 요정을 선택했다. 이러한 헤라클레스의 성정에서 알 수 있듯이 이아손의 결정과 행동을 못마땅하게 여겼다.

심리학에서 헤라클레스를 제외한 대원들의 이런 집단적 행동이 일반화되는 이유를 '집단이 암묵적 동의 하에 무분별한 감정에 휩싸여 부화뇌동하는 행동하는 데서 나온다'고 했다. 이른바 한나 아렌트1906~1975의 '악의 일반성' 또는 '악의 평범성'도 이 범주에 속한다. 제레미 벤덤Jeremy bentham의 '최대 다수의 최대 행복'이라는 공리주의가 '악의 평범성'마저 합리화하고 있다는 점에서 비판받는 이

유이기도 하다. 특히 독일 나치의 중령 아이히만은 아돌프 히틀러의 명령에 따라 유대인과 슬라브족, 집시와 반나치주의자를 학살하는 실무 책임을 맡았다. 그는 아르헨티나의 부에노스아이레스에 숨어 살다가 1960년 5월 11일 발각되어 이스라엘 경찰에 인계되어 법정에 세워졌는데, 재판받는 과정을 생중계한 <아이히만 쇼>를 통해 '악의 평범성'이란 과연 무엇인지를 극명하게 보여주었다.

이를 지켜본 독일 철학자 안나 아렌트Hannah Arendt는 "다른 사람의 처지를 생각할 줄 모르는 생각의 무능은 말하기의 무능을 낳고 행동의 무능을 낳는다"고 했다. 자신이 속해 있는 집단이 전횡을 저지르고 있는데도 이에 대한 비판이나 올바른 판단을 회피하는 것은 개인보다 집단의 성향에 무임승차하려는 태도에 있으며 또한, 자신이 속한 울타리로부터 소외되는 고통을 이길 수 없다는 생각에서 오는 것이다. 바로 인간의 나약함이 이에 기인한다는 것이다. 그런 까닭에서 소크라테스는 "나약함은 악이다"라고 단정했다.

그러나 인간의 나약함은 자신이 그것에 종이 된다고 해도 집단적 감정이 갖는 특성이 워낙 단순한 까닭에 집단에 충동적인 요소를 제공하지 않거나 어떤 선동에 자신이 엮이지만 않는다면 자신은 안전할 것이라는 믿음에서 드러나기도 한다.

우리가 회사 생활을 할 때 종종 이런 상황에 흡수될 때가 있다. 예컨대 "오늘은 반드시 이 말은 꼭 해야겠다"라고 굳은 다짐을 하다가도 자신을 제외한 모든 사람이 자기 생각을 거스르는 방향으로 대화가 흘러갈 때, 그 기운에 휩쓸려 자신의 주장을 내세우지 못하고 되레 그들의 생각에 녹아 들어가는 행동을 하는 사람이 있다. 자기가 생각하고 있는 것이 분명히 옳다고 확신하고 있지만, 자신이 그들과 반목하게 되면서 따돌림을 당할 그것에 대해 두려움을 더 느끼기 때문에 흡수되는 쪽을 택하게 된다. 바로 나약함이 문제이다.

이를 극복할 방법은 설득력을 키우는 것이다. 설득력을 키우게 되면 자신을 제외한 모든 사람이 공격하더라도 이를 대비할 수 있

아르고호 원정대의 여정을 나타낸 지도

기 때문이다. 설득력 있는 주장을 위해서는 문제의 본질을 꿰뚫어 볼 줄 알아야 하며, 그 문제로부터 야기되는 예기치 못한 상황에 대해서도 파악하고 있어야 한다.

비판을 수용하는 책임자의 자신감 필요

기업이란 본질적으로 이윤을 추구하게 마련이다. 그래서 그들의 대화가 보통은 가장 가까운 거리에서 어른거리는 돈의 흐름에 집중하게 된다. 당장 금고에서 들어오고 나가는 돈이 바로 그런 돈이다. 그런데 문제는 그런 돈을 아끼기 위해 정작 사용해야 할 때 사용하지 못한다면 더 큰 손실을 불러올 수 있다. 대표적으로 투자해야 할 곳에 투자하지 못하고 기회를 놓치게 됨으로써 수익을 상실하게 된 경우가 이에 속한다. 기회가 있었음에도 그것을 간과해버린 것도 엄연한 손실이기 때문이다.

품질경영에서 '1:10:100의 원칙'이 말해주듯이 제품을 설계하고 제조, 판매하는 과정의 최초 단계에서 누군가 어떤 문제가 있음을 발견했음에도 불구하고 이를 고하지 않는다면, 이를테면 문제를 발견한 사람이 자신의 생각을 피력하지 못하고 대세의 흐름에 휩쓸려버리거나 상사의 호통에 겁을 먹고 그저 지시만 따르게 된다면 100만 원만 지출해도 됐을 패널티가 마지막에는 1억 원으로도 메꾸지 못하는 손실로 돌아오게 된다.

만약 이런 상황이 발생했다면 누구의 책임일까? 저자가 보기에는 일차적으로 담당 부서의 최고 책임자에게 있다. 그는 집단 성격을 결정하는 권력을 가지고 있다. 따라서 말을 해야 할 부분에서 말을 할 수 없게 만든 분위기를 형성한 것이 그에게 있기 때문이다. 그런 분위기를 고의로 형성하는 상사들이 적지 않게 있는데, 이런 상사는 의외로 사고력에 결함을 가지고 있다. 그런 즉 부서원으로 하여금 자신의 주장을 방침과 동일시하게끔 만든다. 그러나 세상일이 어디 그런가? 우연함이 연속되는 일상은 이견異見들이 거머리처럼 달라붙게 마련인 것을. 그러나 그가 그것을 모를 리 없다. 그는 그저 이견이 싫은 것이다. 이견에 대한 대응력 또한 빈약하기 때문에 그럴수록 집단 분위기를 하나의 사고 체계로 응집시키려 한다. 다시 말해 자신감이 떨어져 발생하는 현상이다.

아르고호의 대원들이 항해를 시작한 본연의 목적을 망각하고 여인들의 치마 속에서 헤어 나오지 못하고 1년이란 시간이 지났을 때 헤라클레스가 이아손을 향해 호통 친다.

"이아손, 나는 황금양피를 고국으로 가져갈 사명을 생각하며 지난 1년간 묵묵히 배를 지켰다. 그런데 고작 이 섬에서 종마 노릇이나 하려고 험한 뱃길을 헤쳐 왔는지 아시오? 제발 정신 차리시오!"

그제야 이아손은 정신이 번쩍 들었다. 이아손과 그 대원들은 여인들의 간곡한 만류를 뿌리치고 서둘러 아르고호에 올랐다.

크레타의 미궁, 라비린토스 _ 크리스핀 드 파스(Crispijn van de Passe)

크레타의 미궁(迷宮) 라비린토스를 지은 다이달로스는
자신의 정체성을 저버림으로써 자신에게 주어진 모든 영광을 상실했다.
품질경영의 기본적인 정체성은 '고객만족'에 있다.
아무리 기술적으로 뛰어난 제품이라도
고객만족을 외면한 품질은 존재할 가치가 없다는 사실을 반드시 명심해야 한다.

라비린토스의 실수, 신뢰를 잃으면 잠재 역량도 잃는다 6

크레타의 왕 미노스Minos는 제우스와 에우로페Europe 사이에서 태어난 아들이다. 그는 욕심이 많고 포악하기로 정평이 나 있었다. 미궁에 갇힌 미노타우로스Minotaurus는 원래 자신의 아내 파시파에Pasiphae가 낳은 괴물이다. 파시파에가 괴물을 낳을 수밖에 없었던 것은 전적으로 미노스의 욕심 때문이었다. 바다의 신 포세이돈이 자신에게 제물로 바칠 멋진 흰 소를 미노스에게 보냈으나 이내 그 소에 탐을 내고 흰 소 대신 다른 소를 제물로 바쳤던 것이다. 자신을 우롱한 미노스에게 화가 난 포세이돈은 파시파에가 자신이 준 흰 소를 사랑하게끔 만들어 우두인신牛頭人身의 괴물 미노타우로스를 낳게 했다.

품질의 정체성은 고객만족

미노스는 결국 자신의 왕비가 출산한 미노타우로스를 가두기로 마음먹고 다이달로스를 시켜 라비린토스Labyrinth라는 미궁迷宮을 짓

나무 암소를 왕비 파시피에에게 보여주는 다이달로스

게 했다. 라비린토스는 궁 내부의 통로가 매우 복잡하게 설계되어 있어서 미노타우로스와 제물로 바쳐진 소년과 소녀들을 가두면 그 누구도 탈출할 수 없는 감옥 같은 공간이었다. 그러나 탈출 비밀을 아는 사람이 세상에 아무도 없는 것은 아니었다. 미궁을 지은 당사자는 그 비밀을 잘 알고 있었다. 그래서 테세우스와 사랑에 빠진 아리아드네가 다이달로스를 찾아가 탈출 비밀을 알려달라고 간청하자 그녀에게 비밀을 알려주게 된다. 그 덕분에 테세우스는 미노타우로스를 무찌르고 미궁에서 탈출할 수 있었다.

여기서 이 신화는 기업 경영자에게 두 가지 교훈을 준다. 첫째, 다이달로스는 장인匠人이다. 한마디로 그 분야에 최고의 기술과 경험이 있는 사람이다. 자신이 지은 라비린토스는 미노스가 요구한 절대 원칙, 즉 "어느 누구도 탈출할 수 없도록 궁을 짓도록 하라!"

는 명령을 반드시 따라야 했고, 이 명령을 지켜야 할 의무가 있었다. 불가능한 일이지만, 그것은 곧 이 궁을 지은 자신조차도 탈출 비밀을 알지 못하게 짓게 하라는 말과 같다. 마치 진시황의 무덤을 건설한 기획자와 인부들이 공사가 완성된 이후 모두 그 무덤에 매장되었듯이, 또는 페르시아 군주 샤리아르가 자신의 비밀을 외부에 노출시키지 않기 위해서 자신과 하룻밤을 보낸 여인들을 죽였듯이[1] 중요한 비밀일수록 그 비밀을 지키기 위해서는 비밀 자체를 제거하는 것도 하나의 좋은 방법이었던 것이다.

여기서 중요한 사실은 비밀을 반드시 지켜져야 하는 일에 대해서 특정인에게만 의존하여 전부를 맡기는 것은 위험하다는 메타포가 들어 있다. 대기업에서 기업의 경영 비밀이 부도덕한 사람들에 의해 해킹을 당하고 유출되는 작금에 상황에서 이런 문제를 예방할 수 있는 좋은 방법은 비밀을 쪼개어 분업화시키고 그들 간의 교류를 통제하는 방법도 있다. 분업은 구성원 각자가 일정의 과업과 의무비밀를 가지고 상호 보완적 관계를 유지하기 때문에 단독 행동으로 야기되는 문제를 예방할 수 있다. 일례로, 전쟁이나 첩보 영화에서 최악의 무력 충돌 상황이 발생하는 순간 핵폭탄을 발사해야 할 위기에 빠졌을 때 군 통수권을 쥔 한 사람이 함부로 발사 명령을 내리지 못하도

---

1   여기서 그 유명한 '천일야화'의 이야기가 나온다. 슬기로운 여인 셰헤라자드가 천일 동안 왕에게 재미있는 이야기를 하여 죽음을 모면하고 왕비가 되었다는 이야기다.

록 체계적인 다자 명령시스템이 발동하는 장면을 종종 볼 수 있다. 이른바 핵가방이다. 이런 방법이 어느 한 개인의 실수나 부도덕 행위로 하여금 전체를 위험에 빠지지 않도록 하는 방법이 된다.

둘째, 자신이 지은 미궁의 용도가 자신이 비밀을 발설함으로써 미궁이 아니게 되었다. 그가 섣부르게 비밀을 타인에게 알리게 됨으로써 이젠 누구나 그 안에 들어가더라도 탈출할 수 있게 되었다. 미궁으로서의 목적성을 잃게 된 건물은 그저 흉물일 뿐이다. 그로 말미암아 최고의 장인이라는 자신에 대한 존칭도 그 순간 퇴색해 버린다.

이 신화는 누구나 자신이 존재하는 이유를 망각해서는 안 된다는 것을 은유하고 있다. 그것이 사람이든 조직이든 마찬가지이다. 이를 두고 '정체성'이라 부른다. 정체성은 존재를 구성하는 대응 본질들의 일치감에서 유지된다. 다시 말해 기밀정보를 다루는 곳에서는 비밀보장이 대응 본질이 되는 것이고, 군대의 합법적 폭력은 국민의 안녕과 생명 보호가 대응 본질이 되는 것이다. 이를 망각하는 행동은 스스로의 정체성을 포기하는 일이다.

그렇다면 품질은 과연 무엇과 대응 본질이 되는가? 바로 '고객만족'이다. 고객만족을 충족시키지 못하는 제품을 두고 우리가 '품질이 좋다'라고 말하지 않는다. 회사는 어쩔 수 없이 비용과 품질을 저울에 달아 평형을 맞출 수밖에 없다. 품질을 높이기 위해 무작

정 비용을 들일 수는 없는 일이기 때문이다. 그러나 회사의 이익만을 고려하고 최소한 지켜야할 품질을 등한시하거나 포기해 버린다면 그 제품이 존재할 이유가 상실되고 결국 시장에서 외면당하고 말 것이다.

품질관리의 핵심 '산포관리'

테세우스가 라비린토스에서 탈출했다는 사실을 안 미노스는 매우 분노하여 다이달로스와 그의 아들 이카로스를 라비린토스 꼭대기 탑에 유폐했다. 어떻게든 탑에서 탈출해야겠다고 마음먹은 다이달로스 부자는 탑을 지키는 간수에게 새의 깃털과 밀랍을 구해 달라고 부탁했다. 간수가 이 말을 미노스에게 고했는데 뜻밖에도 미노스가 그의 요청을 들어주라고 명령했다. 미노스는 그가 미워도 솜씨가 뛰어난 그의 손에서 어떤 물건이 만들어질지 적지 않게 기대했기 때문이다.

다이달로스는 간수가 구해준 재료로 날개 두 짝을 만들어 이카로스와 함께 탈출에 성공한다. 하늘을 나는 동안 다이달로스는 이카로스에게 이렇게 이른다. "아들아, 나를 따라서 하늘과 땅의 중간 높이로 날도록 하거라! 너무 낮게 날면 날개가 젖어 바다에 빠질 것이고, 너무 높이 날면 태양에 의해 밀랍이 녹아서 날개가 떨어지니 추락하게 된단다." 하지만 이카로스는 아버지의 이 말을 무시하고 태양 가까이 오르다가 태양열에 밀랍이 녹으면서 그만 바다에 추락하고 만다.

오늘날 이 이야기는 '이카로스의 끝없는 욕망이 결국 스스로 패망을 부르게 되었다'라는 충고로 상징화되고 있다. 하지만 저자는 다른 관점에서 이 신화를 보고 있다. 이카로스가 바다에 떨어져 죽게 된 것은 그의 욕망에서 비롯되었다기보다 다이달로스의 치밀하지 못한 관찰 부족이 부른 불행한 사건으로 보고 있는 것이다. 이 신화를 제품으로 옮겨 비유하자면, 제품의 기능과 용도를 어떤 편협하게 주어진 환경에서만 사용하도록 설계한다면 그 제품은 세상에 나와 도처에 있는 환경적 제약잡음 요소들의 공격에 견뎌내지 못할 것이다. 일본의 품질석학 다구찌 겐이치田口玄一, 1924~2012는 품질에 대해 "품질이란 제품이 출하된 시점으로부터 성능 특성치의 변동과 부작용으로 인하여 사회에 끼친 총 손실이다"고 정의했다. 그는 기존에 요구 조건에 맞추어 정의한 전통적인 품질 개념들과는 달리 제품이 생산됨과 동시에 필수불가결하게 사회적 손실비용이 생길 수밖에 없는데 그렇다면 그 비용을 최대한 줄이는 것이 품질이 해야 할 가장 큰 소임이라고 주장한 것이다.

다구찌가 제창한 품질공학에는 잡음 인자를 충분히 고려해서 제품을 설계해야 한다는 내용의 '파라메타 설계'와 '허용차 설계'가 소개되어 있다. 이 기법은 정해진 비용으로 환경에 최적화된 제품을 구현하는 기술이 들어 있다. 다이달로스는 철없는 이카로스의 행동을 잡음인자로 보고 그것을 참작해서 날개를 제작했어야 했다. 다시 말해서, 하늘과 땅 중간을 날아가도록 규칙을 정하고 그것을 지키게 할 것이 아니라 천방지축의 성향을 가진 이카로스를 자신이 사랑하는 만큼의 열정으로 세세히 관찰해서 그에 맞도록 날개를 강건하게 설계해야 했다. 그랬다면 사랑하는 아들을 잃지 않을 수 있었을 것이다.

시장에 나온 제품은 늘 변화무쌍한 환경에 처하게 마련이다. 하지만 아무리 변화무쌍한 환경적 요인이 존재한다고 해도 그것이 일정한 패턴을 유지하게 되어 있다. 이를 가리켜 통계학에서는 '산포또는 변동'라 부르고 있다. 이 산포에 대응한 '강건설계Robust design' 기술이 품질공학의 핵심이라고 볼 수 있는데 고객으로부터 신임을 얻기 위해 상대적으로 높은 수준의 품질을 지향하는 이 기법은 매우 활용 가치가 있어서 기업에서 적극 활용한다면 고객만족과 기술발전이라는 두 마리 토끼를 모두 잡을 수 있을 것이다.

프시케와 제우스의 독수리 _ 나탈레 시아보니(Natale Schiavoni)

그리스신화에는 누군가를 사랑하여
자신의 인생이 상반된 운명으로 갈린 여인의 이야기가 있다.
바로 '프시케'가 그 주인공이다.
프시케는 자신이 사랑하는 아름다운 남성을 맞이하기 위해 온갖 고난을 이겨낸다.
품질경영에 있어 충성고객은 확보하기보다 수호하기 어렵다는 말이 있다.
한 번 신뢰가 깨진 다음에 그 관계를 회복하기란
'프시케'가 온갖 수난을 겪은 후에야 비로소
에로스의 마음을 돌려놓았던 것처럼
엄청난 부가적인 노력과 고통이 뒤따르게 된다.

이윤보다 앞서는 가치 '신뢰'

7

프시케Psyche는 어느 왕국의 셋째 공주로 태어났다. 그녀의 아름다움을 본 사람들은 입을 모아 그녀를 칭송했다. 심지어 미의 여신 아프로디테Aphrodite보다 더 아름답다는 소문에 아프로디테를 경배하고 제사를 지내는 일까지 소홀히 하는 사태가 벌어졌을 정도였다. 이를 지켜본 아프로디테는 그녀를 향해 분노와 증오의 감정을 드러냈다. 아프로디테에게는 에로스Eros라는 아들이 있다. 그는 로마시대 문화 전승 덕으로 인해 오늘날 큐피드Cupid라는 이름으로 더 알려져 있다. 유럽의 화가나 조각가들이 사랑을 소재로 작품을 만들 때 하얀 날개를 달고 활을 쏘는 미소년이 화폭이나 조각에 담았다면 모두 에로스를 그린 그림이라고 생각하면 틀림없다.

어느 날 어머니 아프로디테가 분노에 싸여 있는 모습을 본 에로스가 그녀에게 다가가 물었다.

"어머니, 무슨 일로 그렇게 역정이 나셨습니까? 혹시 제가 도울

일은 없겠습니까?"

"그래 아들아, 네 도움이 필요하구나. 인간 여자 중에 프시케라는 계집이 있는데, 너의 금촉 화살을 이용하여 이 세상에서 가장 천박하고 비열한 남자와 사랑에 빠지게 해다오."

어머니 말에 언제나 순종했던 에로스는 곧장 프시케를 향해 날아갔다. 그날 밤, 잠자고 있는 프시케를 바라본 에로스는 아름다운 미모에 넋을 잃게 된다. 그러나 어머니의 명령이 우선이었기 때문에 임무를 수행해야만 했다. 그가 금촉화살을 꺼내려는 순간 갑자기 프시케가 잠결에 뒤척이자 깜짝 놀라 화살촉에 자신이 찔리고 만다. 그 사고로 프시케를 사랑하게 되어 버린 에로스는 어머니가 내린 명령을 차마 완수하지 못하고 되돌아와야만 했다.

에로스의 사랑을 의심한 프시케

시간이 흐르고 프시케는 몸과 마음이 성숙해져 어느덧 결혼할 나이가 되었다. 그러나 나라 안 젊은 청년들은 그녀의 아름다움을 칭송할 뿐 그녀와 결혼하겠다고 선뜻 나서려 들지 않았다.

걱정에 싸인 아버지는 무슨 영문인지 알기 위해서 아폴론 신전[1]을 찾아갔다. 신녀는 그가 프시케의 아버지란 사실을 알고 신탁을

---

1   델포이(Delphi) 신전을 말한다. 태양의 신 아폴론으로부터 미래를 점치거나 전쟁의 승패도 미리 알고자 고대 사람들은 델포이 신전에 제사를 올렸다고 한다.

전한다.

"왕이시어, 당신의 딸과 결혼할 사람은 이 세상 사람이 아닙니다. 그는 신들보다도 더 힘이 센 날개 달린 뱀으로, 그가 당신의 딸을 기다리고 있습니다. 당신의 딸을 바위산에 홀로 올려놓으십시오. 그러면 그 신랑이 당신의 딸을 데려갈 것입니다."

신탁을 들은 왕은 충격에 휩싸인다. 아버지로부터 신탁을 전해 들은 프시케는 신탁이 내려지면 누구든 거역할 수 없는 운명이라는 사실을 알고 있었다. 그래서 자신에게 주어진 운명을 담담하게 받아들이기로 했다.

그녀가 바위산에 홀로 남겨졌을 때 서풍의 신 제피로스Zephyrus가 그녀를 사뿐히 안고 아름답고 향기로운 낙원에 데려다주었다. 그곳에 도착하자마자 목욕을 하고 신랑을 기다리는데, 어디선가 미성의 남자 목소리가 들려왔다.

"내가 바로 이 궁전의 주인이며 당신의 남편이오. 나는 괴물도 아니며 당신을 해칠 생각도 없소. 나는 당신을 사랑해서 당신을 이 궁전으로 데려온 것이오. 그러나 나를 보려고 하지는 마시오."[2]

궁전 내부는 그의 명령 없이는 불을 켤 수 없었기 때문에 밤이 되면 칠흑같이 어두웠다. 게다가 에로스는 밤이 이슥해질 때 찾아

---

2 '미녀와 야수' 이야기의 모티브가 된 장면 중에 하나다.

에로스에게 받은 선물을 자랑하는 프시케 _ 장오노레 프라고나르(Jean-Honoré Fragonard)

와서 그녀와 사랑을 나누고는 동트기 전에 사라져 버렸기 때문에
남편의 얼굴을 볼 수도 없었다. 비록 남편의 얼굴은 알 수 없었지
만, 그녀는 하루하루가 행복했다. 그러던 어느 날, 가족과 두 언니
가 그리워져서 그에게 만나게 해 줄 것을 간청했다. 그러나 에로
스는 수다스러운 언니들의 세 치 혀를 조심해야 한다며 만나는 것
을 반대했다.

그날 이후로 프시케가 향수병이 돋쳐 나날이 기운이 없어지고

침울해지자, 이 모습에 안타까워한 나머지 에로스는 언니들과 만나는 것을 마지못해서 허락한다.

그의 허락이 떨어지자마자 즉시 프시케는 언니들을 자신이 사는 궁전으로 초대했다. 그러나 동생을 찾아온 언니들은 프시케가 호화롭고 아름다운 궁전에 사는 것에 은근히 질투한다. 언니들은 프시케가 불행해지기만을 바라며 계략을 짠다.

"네 신랑은 신탁대로 날개 달린 뱀이 분명하다. 지금까지 너를 안심시켜 놓고는 언젠가는 너를 잡아먹을 게 분명하다."

언니들의 말에 동요한 프시케는 그날 밤, 한 손에는 칼을, 또 한 손에는 등잔을 들고 남편이 정말로 괴수인지 살피기 위해 침실로 갔다. 아, 그런데 이게 어찌 된 일인가. 신탁과 달리 자고 있는 남편은 아름답고 잘생긴 청년의 모습이 아니던가. 이에 당황한 프시케는 그만 촛농을 그의 등에 떨어뜨리고 만다. 잠이 깬 에로스는 약속을 지키지 않은 프시케를 노려보며 한마디 말도 남기지 않은 채 어디론가 휙 날아가 버렸다.

사람들은 흔히 달성하고자 한 목표를 손에 넣기까지는 자신을 옥죄는 조바심에 시달리는 경향을 보일 때가 있다. 사람마다 정도의 차이는 있겠지만, 결과가 나타나기까지 안심하지 못하는 것은 정념의 불완전성 때문이다. 이 이야기를 상품으로 옮겨 생각하면, 하나의 상품이 생산되기까지 연구·개발·품질관리 절차를 철저하

게 준수해야 한다. 시장을 선점하겠다는 목적으로 지켜야 할 절차
와 과정을 무시하거나 간과해버리면 더 큰 문제를 불러일으킬 수
있다. 바로 조바심을 경계해야 한다는 이야기다. 연구·개발 그리
고 품질관리 활동은 기본적으로 시간이 요구되는 일들이다. 밥을
짓기 위해서는 쌀을 씻고, 물을 붓고, 밥이 끓으면 곧 뜸도 들여야
한다. 이 과정은 반드시 거쳐야 하는 프로세스들이고 필수다. 하
지만 시장에서의 쿼티효과(Qwerty Effect)만 노리고서 수행해야
할 활동들을 무시한다면 반드시 손실로 이어질 것이다. 이러한 정
념의 불안정성은 비단 고통을 자아내는 마음에서만 나타나는 것
이 아니라 희망과 기쁨의 기대감에서도 나타난다. 제우스Zeus가 준
항아리 뚜껑을 연 판도라Pandora의 마음도 바로 기다림을 참지 못
하는 인간의 조바심을 상징하고 있다. 프시케도 마찬가지다.

에로스를 포기할 수 없었던 프시케

혼자가 된 프시케는 그와의 약속을 어긴 것을 후회하며 남편을
찾기 위해 온 나라를 헤매고 다니다가 그의 어머니 아프로디테가
사는 신전에 들어갔다. 그녀는 자신을 도와주지 않으면 신전을 떠
나지 않겠다고 떼를 쓰기까지 했다. 슬픔에 찬 프시케를 이대로
내쫓으면 세상 사람들이 자신을 더욱 미워할 것을 걱정한 아프로
디테는 하는 수 없이 자신의 거처에 머물도록 허락했다. 대신 자

신이 내준 과제를 수행해야 한다는 조건을 붙였다.

"나는 네가 에로스를 만나는 것을 허락한 것은 아니다. 그전에 네가 인내가 무엇이고 믿음이 무엇인지 가르쳐 주겠다. 저기 밀과 기장, 양귀비 씨앗이 산더미처럼 쌓여 있는 것이 보이지? 내가 외출한 사이에 저것을 모두 종류별로 구분해 놓도록 해라."

이 황당한 명령에 프시케는 망연자실했다. 그때 어디선가 엄청난 무리의 개미 떼가 갑자기 나타나 곡식에 까맣게 달라붙더니 종류별로 구분해 놓고는 흩어졌다. 아프로디테는 자신이 지시한 대로 온갖 곡식이며 양귀비 씨앗이 각각 정돈되어 쌓여 있는 것을 보고는 "이건 분명 네가 한 일이 아닐 게다. 그렇다면 이보다 더 어려운 과제를 주겠다. 갈대숲을 지나면 가시덤불이 우거진 곳에 황금양털을 가진 양들이 산다. 하루를 주겠다. 그 빛나는 양털을 가지고 내게 오너라." 프시케는 에로스를 되찾겠다는 일념으로 한달음에 그곳을 찾아갔다. 그때 갈대숲에서 프시케를 향해 목소리가 들렸다.

"양들이 태양마차가 하늘 중간에 떠 있을 때 가장 무섭습니다. 저녁에 양들이 잠을 자러 간 사이 찔레나무에 걸려 있는 황금양털을 가져오세요."

프시케는 갈대숲의 목소리가 알려준 대로 밤에 황금양털을 걷어와 아프로디테에게 바쳤다. 자신이 내준 과제를 척척 해내는 프시케가 더욱 못마땅한 아프로디테는 더 어려운 과제를 냈다.

"네 담력과 용기가 얼마나 큰지 보고 싶다. 스틱스Styx강³에 가서 이 물병에다 물을 담아 오너라."

이 말은 즉 프시케에게 죽으라는 말과 같았다. 그곳은 저승의 강이었기 때문이다. 저승의 강을 마주한 프시케가 안절부절못하고 있는 사이 어디선가 독수리 한 마리가 날아와 들고 있는 병에 강물을 가득 담아 프시케에게 주었다. 이번에도 프시케가 과제를 달성하자 아프로디테는 더욱 어려운 과제를 준다.

"여기 작은 단지에 저승의 여왕 페르세포네Persephone에게 아름다움을 돋보이게 하는 화장품을 담아 달라고 부탁해라."

프시케는 또 저승으로 가야 한다는 것에 낙담했지만 남편을 찾을 수만 있다면 무슨 일이든지 할 것이라는 의지 하나로 길을 나섰다. 이번에는 탑塔이 도와 저승에 무사히 갈 수 있었다. 그곳에서 페르세포네를 만나 그녀가 들고 온 단지에 무언가를 담아 주고는 "이 단지를 가지고 가는 동안 뚜껑을 열어 보지 말거라" 하며 충고한다. 그러나 프시케는 저승에서 돌아오는 길에 에로스에게 아름답다는 말을 듣고 싶어 화장품 단지를 열었다. 그런데 상자 안에

---

3 영혼이 저승에 가기 위해 네 개의 강을 순서대로 거쳐야 하는데, 첫 번째가 아케론(Acheron, 스틱스), 두 번째가 시름의 강 코퀴토스(Cocytus), 세 번째가 자신의 죄를 태우는 플레게톤 (Phlegethon), 네 번째가 망각의 강 레테(Lethe)이다. 아프로디테는 이 강 중에서 첫 번째 강인 스틱스의 물을 담아 오라고 했다.

프시케 _ 알렉상드르 카바넬
(Alexandre Cabanel)

는 화장품은 없고 '죽음 같은 잠'만 들어 있었다. 결국 프시케는 약속을 어긴 죄로 깊이 잠이 들어 버렸다. 이를 지켜본 에로스는 "당신은 여전히 하지 말아야 할 것을 하고 말았군요. 어찌 됐든 그동안 나를 찾아 헤매느라 고생했던 것은 다 알고 있소. 이제 당신을 용서하기로 했소. 우리 사랑을 올림포스의 왕인 제우스에게 고하고, 어머니에게도 떳떳하게 밝히리다."

제우스가 이 이야기를 듣고는 헤르메스Hermes를 시켜 프시케를 깨워 데려오게 했다. 그리고는 신들이 먹는 암브로시아ambrosia를 프시케에게 먹여 신처럼 죽지 않는 생명을 갖게 함과 동시에 에로스와 함께 살도록 했다.

신뢰는 이윤보다 앞서는 가치

고객은 에로스의 마음을 가지고 있다. 한 번 믿기 시작하면 자신의 낙원과 궁전을 모두 내어 주며 헌신하지만, 배신을 당하면 누구보다 냉혹하고 차가워진다.

20여 년 전 <손톱>이라는 영화를 TV에서 본 적이 있다. 영화 줄거리를 간단하게 줄이면, 여고 동창인 소영심혜진분에게 늘 열등감에 젖어 살던 혜란진희경분은 엘리베이터 안에서 소영과 그녀의 남편이 대화하는 중에 자신을 비하하고 모욕하는 말을 우연히 듣게 된다. 그 뒤 혜란은 소영을 향한 복수심으로 불타오르게 되면서 두 사람은 파국을 맞이하게 된다는 줄거리이다.

이 영화는 믿고 따랐던 사람으로부터 받게 된 작은 모욕이 적대 관계에 있는 사람으로부터 받은 큰 모욕보다 더 큰 상처가 된다는 것을 상징화했다. 중요한 것은 적대 관계에 있는 사람에게서 받은 공격은 자신의 궁전 외부에서 언제든지 창과 방패로 대응하면 되지만 동맹자는 자신의 궁전 내부에서 심장을 겨냥해 찌르는 것이기 때문에 치명도가 크다.

충성고객은 확보하기보다 수호하기가 어렵다는 말이 있다. 한 번 신뢰 관계가 깨진 다음에 그 관계를 회복하기란 프시케가 온갖 수난을 겪은 후에야 비로소 에로스의 마음을 돌려놓았던 것처럼 엄청난 부가적인 노력과 고통이 뒤따르게 된다. 개미와 갈대숲, 탑이 그녀를 도와주었듯이 확률적으로도 기대하기 어려운 자발적 지원도 뒤따라야 한다. 그렇다고 해서 "최초의 마음을 온전히 되돌릴 수 있는가?"라는 의문에는, 프시케가 과제를 수행하기 위해 죽음의 강을 여러 번 맞닥뜨리고 진심으로 참회하고 대가를 치렀다 할지라도 건너편으로 떠난 상대방이 용서할 생각이 없다면 모두 허사라는 것이다. 따라서 이 신화는 오늘날 우리에게 '신뢰는 이윤보다 앞선 가치'라는 것을 엄히 지적하고 있다.

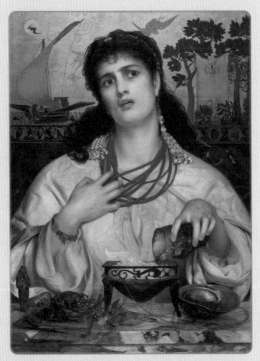

메데이아 _ 앤서니 프레데릭 오거스터스 샌디스(Anthony Frederick Augustus Sandys)

그리스신화에서 악녀로 꼽히는 인물로 메데이아를 빼놓을 수 없다.
메데이아는 사랑을 쟁취하기 위해 동생을 무참히 죽이고,
남편 이아손에게 배신당하자 자식까지 죽였던 비정한 여인이다.
메데이아의 이러한 악행은
오로지 남편을 사랑하고 그로부터 버림을 받게 됨으로써 벌어진 일들이다.
신뢰가 깨지는 순간 가장 소중한 것부터 먼저 희생된다는 사실을
이 신화는 들려주고 있다.

신뢰의 상실, 파괴적 결과로 돌아온다

8

메데이아는 신기한 마술을 부리는 마녀이며 공주였다. 그러나 본래부터 악녀의 본성을 타고난 것은 아니었다. 너무나도 연약한 여성의 심성을 그대로 가지고 있었던 탓에 이아손의 배신으로 더는 기대할 것이 없게 되자 극단적 행동으로 공멸을 택한 것이다. 이 신화는 인간관계에서 배신이 사람의 본성을 어디까지 추락하게 할 수 있는지를 여실히 보여주고 있다. 이 또한 역사를 통해서도 증명되고 있고, 기업의 인사 품질과도 밀접한 관련이 있다.

이올코스Iolcus 왕국에 펠리아스Pelias 왕이 살고 있었다. 그에게는 이부異父 동생의 아들 이아손이 있다. 말하자면 이아손은 그에게 조카뻘이다. 이올코스는 원래 이아손의 아버지 아이손Aeson의 것이었다. 펠리아스가 심약한 아이손을 겁박하여 그 자리를 찬탈한 것이다. 이아손의 어머니는 펠리아스가 자신의 아들을 죽일지 모른다고 염려하여 케이론Chiron[1]에게 아들을 맡겼다. 이아손은 케이론의 손에서 무럭무럭 성장한다. 그리고는 자신의 아버지를 내쫓고 왕좌를 찬탈한 펠리아스에게 다시 왕좌를 찾기 위해 찾아간다. 그러나 펠리아스는 자신이 차지한 왕좌를 쉽게 내주려고 하지 않았다. 어느 날 펠리아스는 꾀를 내어 이아손을 궁지로 몰 생각을 한다.

"신탁에 의하면 이 왕좌는 황금양털을 가져오는 자에게 물려주라고 했다. 네가 할 수 있겠느냐?" 이 말을 들은 이아손은 "그러지요. 그깟 황금양털을 가져오는 게 뭐 어렵겠습니까? 삼촌, 지금 당장 출발하겠습니다"라고 말하며 양털을 가져오기 위해 바로 행동을 결행한다.

이아손은 왕궁에서 나와 즉시 케이론 문하에서 공부했던 친구들을 불러 모은다. "이렇게 따분하게 인생을 보낼 게 아니라, 큰 모험을 떠나 보는 게 어떻겠나? 저 흑해 끝에 있다는 황금양털을 찾으러 떠나세. 자네들 모두 동의할 것으로 생각하네."

여기에 동참한 친구들은 오르페우스Orpheus, 헤라클레스Heracles, 아르고스Argos 등이었다. 목수인 아르고스가 그들이 모험을 떠날 배를 만들었는데, 이 배의 이름이 그 유명한 '아르고Argo호'다. 우여곡절 끝에 이들은 황금양털이 있는 콜키스Colchis[2]에 도착한다.

---

1   그리스 신화에서 반인반마(半人半馬)의 종족인 켄타우로스 중의 하나로 다른 켄타우로스와 달리 매우 현명하고 뛰어난 학자이자 박학다식한 현자였고 수많은 다이몬의 스승이기도 하다.
2   콜키스는 오늘날 흑해 서해안의 나라 조지아(Georgia)이다.

이아손은 콜키스 왕 아이에테스Aeëtes를 만나 황금양털을 가지러 왔노라 말하니, 왕은 분노하며 이들을 죽이려고 했다. 그때 이 광경을 지켜보고 있던 메데이아 공주가 아버지에게 귓속말로 전한다.

"아버지, 제게 좋은 생각이 있어요. 이곳에는 불을 뿜는 청동 발굽을 가진 황소가 있어요. 그리고 땅에 뿌리기만 하면 무장한 병사로 변하는 용의 이가 있어요. 저들에게 그 황소에 쟁기를 묶어 밭을 갈게 한 다음, 용의 이를 뿌리게 하면 황금양털을 준다고 하세요." 이 말을 들은 아이에테스는 메데이아가 일러준 대로 이아손에게 제안했다. 이 제안을 들은 아르고호의 영웅들은 망설이면서 숙소로 돌아왔다. 그날 밤 메데이아는 몰래 이아손을 찾아가 "황소와 용의 이에서 나올 병사들을 해치울 방법이 제게 있어요. 제가 약초로 만든 고약을 온몸에 바르면 황소가 내뿜는 불을 견딜 수 있을 거예요. 그리고 용의 이가 변한 병사들이 땅에서 솟아오르면 이 돌을 그들 사이에 던지세요. 그러면 그 병사들은 서로 공격하며 죽일 것입니다."

메데이아가 일러준 대로 이아손이 몸에 고약을 바르고 황소에 쟁기를 묶고 밭을 가니 소가 뿜어대는 불을 이겨낼 수 있었고, 용의 이에서 생긴 병사들 사이로 돌을 던지니 저들끼리 서로 싸우다가 전멸한다. 아이에테스는 자신의 제안을 이아손이 완성하자 약속대로 황금양털을 가져가라고 했다. 그러나 황금양털은 용이 지키고 있었다. 메데이아는 또다시 이아손을 도와 용을 따돌리게 해 주었다. 황금양털을 손에 넣은 이아손은 아이에테스가 더 분노하기 전에 빨리 도망쳐야겠다고 마음먹고 아르고호에 올라탄다. 이때 메데이아도 이아손을 따라 함께 도망치는데, 동생 압시르토스 Apsyrtos도 데리고 간다. 이아손이 도망친 사실을 안 아이에테스는 아르고호를 급하게 쫓아가기 시작한다. 아버지의 추격을 목격한 메데이아는 자신이 데리고 온 동생을 갈기갈기 찢어 바다에 흩뿌린다. 아이에테스는 죽은 아들의 시신을 수습하느라 아르고호를 더는 쫓지 못하였다.

이아손 일행은 과업을 달성하고 마침내 이올코스에 도착한다. 이아손이 펠리아스에게 황금양털을 내보이며 "자, 신탁의 약속대로 이젠 내 왕국을 내놓으시지요" 하고 말하자 펠리아스는 이런저런 핑계를 대며 왕좌를 내놓지 않는다. 이때 메데이아가 또다시 나섰다. 메데이아는 신기한 것을 보여주겠다며 펠리아스 왕의 딸들을 불러 모았다. "자, 여기 늙은 양이 있습니다. 이 양을 다시 젊게 하도록 하지요. 제가 마법을 부린다는 사실을 알고 있지요?" 그러고는 늙은 양을 칼로 토막 내어 펄펄 끓는 솥에 넣었다. 그런데 얼마 후 솥뚜껑을 열자 정말 늙은 양은 온데간데없고 매우 어린 양이 솥 안에서 "음메"하고 울며 아무런 일 없다는 듯이 뛰어다닌다. 이 광경을 본 펠리아스 딸들은 아버지를 젊게 해 주고 싶은 생

뱀의 마차를 타고 아테네로 날
아가는 메데이아 _ 헤르만 에
르난데스 아모레스(Germán
Hernández Amores)

각에 펠리아스에게 술을 먹여 깊이 잠들게 한 다음, 토막 내어 솥
에 집어넣었다. 그러나 펠리아스는 되살아나지 못하고 그대로 죽
음을 맞이했다. 딸들은 메데이아에게 속은 것이다.

그러나 이아손은 이올코스를 차지하지 못했다. 원로회에서 펠
리아스의 아들에게 왕위를 넘겨주었기 때문이다. 코린토스Corinth
로 망명길에 오른 이아손은 그곳에서 왕의 딸 글라우케Glauce와 사
랑에 빠져 결혼하게 되었다. 이 사실을 알게 된 메데이아는 그녀

를 불에 태워 죽이고 자신의 아들도 모두 죽인 뒤 날개 달린 뱀의 마차를 타고 아테네로 날아가 버렸다.

강할 때일수록 유화 정책을 펼쳐야

분노는 인간의 본성을 피폐하게 만드는 속성이 있다. 그중에서 시기심과 배신감이 불러일으키는 분노는 가장 과격하고 파괴적이다. 그러나 두 분노 간에는 차이점이 있다. 시기심은 자신과 비교하여 대등한 자가 우월한 특징을 가졌을 때 자신보다 우월한 것을 빼앗거나 상실시킴으로써 해소되지만, 배신감은 자신과 동일한 존재로 여겨왔던 자가 믿음을 저버렸을 때 그 사람의 모든 것을 파괴함으로써 해소된다.

시기심이 자신과 대등한 자를 향한 질투심에서 비롯되고 있다는 사실은 지식에 대한 욕심이 강한 사람이 소크라테스와 공자와 같은 성인聖人을 질투하지 않으며, 부富를 선망하는 사람이 재벌가의 재산을 시기하지 않는 이유와 같다. 그것은 성인의 덕망은 하늘에 닿아 있고, 재벌가의 부는 자신이 평생 모을 수 있는 재산의 예측량을 훨씬 초월하기 때문이다. 그러나 배신감은 자신이 철석같이 믿었던 자로부터 느낀 상실감에서 기인한 것으로, 자신이 당한 그 이상으로 상대를 파멸시키고자 하는 심리가 작용한다. 이렇듯 사람이 군자가 아닌 이상 심리 내부에는 두 개의 측정기를 달고 산다. 하나는 사물을 측정하는 균형 저울이고 또 하나는 파괴 시험기이다. 시기심에 관한 분노는 균형 저울에 달고, 배신감에 관한 분노는 파괴 시험기에 달기 위해서다.

인간 역사에서 동맹 관계를 맺었던 나라들이 자국의 이기심으로 인해 상대국을 배신하여 결국 적대 관계가 된 사례들이 얼마나 많았던가. 그중에서 고대 그리스 내전은 대표적인 사례라고 할 수 있다. 기원전 431~404년의 펠로폰네소스 전쟁은 아테네를 주축으로 한 델로스 동맹과 스파르타를 중심으로 한 펠로폰네소스 동맹 간의 전쟁이었다. 동맹 관계가 깨지는 경우는 보통 두 가지 이유 때문이다. 하나는 동맹의 이유가 불분명하고 지속적으로 동맹 관계를 유지할 근거가 미약할 때, 또 하나는 한쪽이 동맹으로 맺은 서약을 어기거나 배신할 때이다. 펠로폰네소스 전쟁은 후자에 속한다. 이 전쟁이 발생하기 50년 전에 두 강대국은 서로 똘똘 뭉쳐 페르시아 제국의 수십만 대군을 무찔렀다. 그러나 이 싸움의 공적과 이익을 아테네와 델로스 동맹국에서 편파적으로 가져갔을 뿐 아니라 아테네가 다른 도시 국가를 업신여기기까지 했다. 이러한 처우에 스파르타와 펠로폰네소스 동맹국이 불만을 품게 되면서 반목이 시작되었다. 결국 그 골이 깊어져 가던 어느 날 두 동맹이 충돌하게 된다.

상호 불가침 협약을 맺고 평화의 관계가 간신히 살얼음처럼 유지만 되고 있던 시기에 펠로폰네소스 동맹 소속이었던 코린토스가 케르키라[3]를 침략하게 된다. 아테네는 불가침조약에 의해서 이 사건이 일어나든 말든 상관없이 중립을 지켜야 했지만, 코린토스를 적대적으로 저지하면서 화를 불러온 것이다. 두 나라는 전쟁을 하기 위해서 의회에 상정하기에 이르렀고 결국 펠로폰네소스 동맹국이 전쟁을 선포하면서 전례 없는 내전이 시작됐다. 지난날 페르시아 제국을 상대로 같이 싸웠던 동지가 불구대천지원수의 관계로 돌아서게 된 것이다. 27년에 걸쳐 벌어진 이 전쟁에서 아테네는 지도자 페리클레스Pericles가 사망[4]하고, 소크라테스의 제자였던 알키비아데스Alcibiades가 무리한 시칠리아 침공으로 7,000명에 이르는 아테네 군사를 잃게 되면서 국력이 쇠약해졌다. 아테네가 취약해진 틈을 노리고 스파르타가 맹공을 퍼부으면서 기원전 404년 스파르타가 승리했다.

이 전쟁은 스파르타인들이 아테네로부터 배신감을 느꼈기 때문에 일어난 것이다. 메데이아가 사랑했던 이아손에게 버림받은 배신감을 스파르타가 아테네로 인해 경험한 것이다. 아테네가 강대해져 가는 과정에서 그리스 모든 도시 국가를 향하여 팔을 벌리고 유화 정책을 펼쳤다면 펠로폰네소스 국가들은 아마 아테네의 친

---

3   Kerkyra, 지금의 알바니아 해안에 있던 도시 국가
4   당시 아테네에 정체 모를 역병이 창궐했고 페리클레스가 이에 감염이 되어 죽음

절한 우군이 되었을 것이다. 오늘날까지 이런 역사적 돌발 사태는 자주 등장했다. 소련 시절 러시아와 우크라이나는 하나의 국가였다. 소련이 붕괴되고 러시아와 우크라이나가 분리되면서 지금 그들의 관계는 어떻게 진행되고 있는가? 동맹을 넘어 혈맹에 가까운 미국과 사우디아라비아도 요즘 심상치 않다. 하마스와 이스라엘을 바라보는 두 나라의 관점이 서로 달라 무언가 이들 간에 이벤트가 촉발될 것만 같다. 마치 2400년 전 펠로폰네소스 전쟁을 야기한 작은 발단을 이 양국 간 신경전을 통해 보게 되는 것은 저자가 예민한 탓만은 아닐 것이다.

　이 역사적 교훈이 회사를 경영하는 방법이나 인재 관리 기술에도 암시하는 바가 크다. 모든 기업은 운명적으로 이윤을 창출하는 집단이다. 이윤을 창출하는 근본적인 동력은 사람에게 있다. 다시 말해서 사람을 어떻게 적재적소에 배치하고 어떻게 하면 그들이 자신의 능력을 제대로 발휘할 수 있을지를 항상 고민해야 한다. 그런데 아테네가 그랬듯이 자신의 동맹자들, 즉 자신의 측근만을 주위에 두고 보살피며, 때만 되면 더욱 충성할 수 있도록 맹세를 서약하는 구조에서는 미래를 보장받기 어렵다는 것이다. 펠로폰네소스 전쟁이 이 시대에 남긴 교훈은 동지가 적으로 돌변하는 일은 사소한 이기심과 갈등에서 비롯되는 작은 불씨가 발화원이 될 수 있다는 것을 암시하고 있다.

에리스의 황금사과는 오직 한 여신 '아프로디테'에게만 돌아갔다. 그러나 선택받지 못한 '헤라'와 '아테나'가 파리스의 주변에 존재한다는 사실을 고려했다면 이들에 대한 배려도 필요했다. 왜냐하면 하필 이 여신들이 올림포스에서 가장 영향력이 있는 신인데다 질투도 강해 자신의 불쾌한 감정을 가만둘 리 없기 때문이다.

이를 경영학적으로 본다면 '기회비용의 역습'이라고 할 수 있다. 하나를 선택하게 됨으로써 나머지 다른 것을 모두 상실하게 되는 비용. 파리스의 선택은 결국 자신의 왕국 트로이를 멸망의 나락으로 빠뜨리게 했다.

신화로 즐기는 품질 여행

Chapter 2

이성과 합리적 판단

오이디푸스와 스핑크스 _ 장 오귀스트 도미니크 앵그르(Jean Auguste Dominique Ingres)

작업 현장 개선을 위한 활동은
끊임없는 생각을 통해 '올바른 견해'에 도달할 수 있으며,
그 올바른 견해는 최선의 방법이 무엇인지 제시해 준다.
오이디푸스는 생각하는 방법을 잘 알고 있던 인물이다.
비록 운명이 자신의 뜻을 거스르긴 했어도
이성을 통해 사물을 보는 방법을 우리에게 제대로 알려준 최초의 인간이었다.

상상력을
시각화 하라

1

그리스신화에 등장하는 인물 중에 가장 기구崎嶇하고 비극적인 삶을 살았던 사람을 꼽으라고 한다면 단연 오이디푸스Oedipus를 들 수 있다. 오이디푸스는 그리스 중부에 위치한 나라 테베의 왕이다.

테베에서 가까운 곳, 코린트만 근처에 태양의 신 아폴론이 신탁을 내리는 델포이또는 '델피'라 부른다 신전이 있다. 그의 친부인 라이오스Laius 왕이 델포이 신전에서 신녀로부터 "당신은 아들에게 죽임을 당하게 될 것이다"라는 신탁을 듣게 된다. 이에 겁을 먹은 라이오스 왕은 이날 이후로 아내 이오카스테Iocaste와 잠자리를 하지 않는다. 냉정하게 돌변한 남편의 태도에 영문도 모른 채 배척당한 이오카스테는 어느 날 그에게 술을 먹이고 잠자리를 같이했다.

이후 이오카스테는 임신하여 아들을 낳았다. 라이오스 왕은 신탁대로라면 아들을 낳자마자 죽여야 했지만 차마 죽이지 못하고 발목을 뚫어 근처의 키타이론 산에 아이를 내다 버린다.[1]

이렇게 버려진 아이를 지나가던 목동이 발견하고 이웃 나라인 코린토스의 폴리보스 왕에게 보낸다. 양자로 들어간 오이디푸스는 건강하고 올곧게 자라 어느덧 성년이 되었다. 어느 날 오이디푸스는 델포이 신전을 방문한다. 그곳에서 그는 무시무시한 신탁을 듣게 된다. "너는 아버지를 죽이고 너의 어머니와 결혼하게 될 운명이다." 충격을 받은 오이디푸스는 지금까지 친부모라 알고 있었던 폴리보스 왕을 벗어나야겠다고 마음을 먹고 행동에 옮긴다.

정처 없이 떠난 오이디푸스는 코린토스를 지나 테베로 가고 있었다. 여행 도중에 테베왕을 태운 마차가 어떤 청년과 부딪히는 것을 목격한다. 왕의 일행으로 보이는 사람이 청년을 죽이려 하자 이를 보다 못한 오이디푸스가 나선다. "제가 보기엔 백성은 잘못이 없어 보이는데 자비를 베풀어 용서를 해주시지요." 그러자 왕은 되려 오이디푸스를 향해 시비를 걸며 싸움을 걸었다. 화가 난 오이디푸스는 무례한 이들을 향해 몽둥이를 휘둘렀는데 이들이 추풍낙엽처럼 모두 쓰러졌다. 그중에 왕의 목숨도 포함되어 있었다.

연상법 활용한 오이디푸스의 지혜

오이디푸스는 테베로 들어가는 어귀에서 지나가는 사람들을

---

1   오이디푸스라는 이름은 발목이 뚫려 '부풀어 오른 발'이란 뜻을 가지고 있다.

괴롭히는 괴물이 살고 있다는 사실을 알게 되었다. 그 괴물은 스핑크스다. 스핑크스는 행인을 붙잡아 수수께끼를 낸 다음 정답을 맞히지 못하면 무자비하게 잡아먹었다. 오이디푸스는 사람들이 이 고통에서 벗어날 수 있도록 괴물을 물리칠 마음을 먹게 된다. 마침내 스핑크스를 찾아간 그는 "목소리는 하나인데 다리 네 개, 다리 두 개, 다리 세 개를 가진 게 무엇인가?"라는 질문을 받았다. 이 질문에 오이디푸스는 잠시 생각을 하다가 이윽고 "사람It's man"

오이디푸스와 스핑크스 _ 귀스타브 모로
(Gustave Moreau)

이라고 대답했다. 오이디푸스가 정답을 알아맞히자 스핑크스는 자신의 분노를 이기지 못하고 괴성을 지르며 바위에 머리를 처박고 죽어 버렸다.

오이디푸스는 비록 그리스신화에서 비극적인 삶을 살았던 인물이지만 그 역시 영웅이라는 점을 참작한다면 명민하고 재빠른 판단력의 소유자임이 틀림없다. 자신의 생각을 자유자재로 확장하기도 하고 집약할 줄 아는 능력이 누구보다 탁월했던 인물이었다. 그는 이 수수께끼에서 '목소리가 하나인 것'에서 정답이 가리키는 대상이 동일한 존재임을 알아챘다. 그리고 '다리 네 개, 다리 두 개, 다리 세 개를 가진 것'에서는 시간적 순서의 배열이라는 것도 알았다. 네 개의 다리가 가장 먼저이고 그다음에는 두 개의 다리, 마지막으로 세 개의 다리가 되는 것을 타임라인에 각각 올려놓고 패턴인식을 해보니 순간적으로 '사람'이 보였던 것이다. 이렇게 아주 빠른 순간에 스치는 생각을 잡아채는 순발력이 매우 뛰어난 그는 주저 없이 정답을 말할 수 있었다.

미시건 주립대학의 교수 루트번스타인 부부^{Robert Root-Bernstein,}

천국과 지옥 _ 모리츠 코르넬리스 에셔
(Maurits Cornelis Escher)

Michele Root-Bernstein는 이런 연상법에 대해 '상상력을 높이는 13가지 도구'라는 자신들이 편찬한 책에 소개한 적이 있다. 이 저서의 제목이 <생각의 탄생>이다. 이 책에서 '관찰', '형상화', '추상화', '패턴인식', '패턴형성', '유추', '몸으로 생각하기', '감정이입', '차원적 사고', '모형 만들기', '놀이', '변형', '통합' 등이 상상력을 높이는 도구라고 말하고 있다.

오이디푸스는 상상력을 높이는 방법에 대해서 알고 있었고 응용할 줄도 알았다. 그가 수수께끼의 정답이 '사람'이라는 사실을 생각할 수 있었던 데에는 무엇보다 질문에 대한 패턴인식을 할 줄 알았기 때문이다. 네덜란드의 화가 모리츠 코르넬리스 에셔Maurits Cornelis Escher는 패턴 인식에 대해서 "나는 구름이나 나뭇결처럼 겉보기에 무질서한 패턴 속에서 동물 모양을 즐겨 찾아내곤 했다"고 말한데서 패턴인식이란 무엇인지를 찾아냈다. 어린 시절에 누구나 한 번쯤은 천장이나 벽지에 그려진 기하학적인 문양을 보고 동물이나 꽃, 사람 등의 사물들을 연상했던 경험이 있었을 것이다. 이런 상상력을 통해서 그려낸 꿈은 허구이지만 허구는 사실보다도 진리를 더 많이 내포할 때가 있다.

문제의 본질을 찾는 방법

허구를 거짓으로 오인하는 사람들이 있다. 그것은 잘못된 생각이다. 허구는 창조에서 탄생하지만, 거짓은 사악함에서 탄생하기 때문에 출신 성분이 엄연히 다르다. 독일의 생물학자 크리스티안 네 뉘슬라인 폴하르트Christiane Nusslein Volhard도 패턴인식이 과학에서도 중요하게 작용하는 상상력이라고 강조하며 다음과 같이 말했다. "가장 중요한 것은 특정한 조각 하나가 아니라 전체 그림을 가늠할 수 있을 만큼의 충분한 조각들과 그것들 사이의 연관성을 찾아내는 것이다."

물질의 가장 작은 단위를 연구하는 학문을 양자역학이라 부르는데 이 학문은 극미한 자연의 세계를 단지 현미경에 의존한 채 오직 인간의 오감을 통해 정보를 얻어내야 하므로 오늘날까지도 그 정확한 진리를 밝혀내지 못하고 있다. 아니 밝혀가고 있는 과정이라고 말하는 것이 맞는 말이겠다. 그런 까닭에 학자들은 오랫동안 연구한 경험을 통해 조각들을 모아 패턴인식을 할 수밖에 없다. 그런 이유로 학자마다 관점의 차이가 생겼으며 물질의 최소 단위 원자가 2400년 동안 형태와 모양, 운영체계가 본성의 의도와는 상관없이 변했다. 아이러니하게 그중 가장 허점이 많다고 알려진 엠페도클레스Empedocles의 '물질 4원소' 주장은 19세기까지 불변의 법칙으로 여겼다. 무려 2200년이나 인간 지식을 이 오류의 아성이 지배했다.

패턴인식은 찰나의 영감으로 찾아오기도 하지만 오랜 연구 끝에 전체의 큰 그림에서 발견되기도 하는 것이다. 에셔의 경우는 찰나의 영감에서 패턴인식을 한 것이고 뉘슬라인 폴하르트는 자신의 오랜 연구를 통해 전체 조각의 연관성에서 패턴을 찾았다. 우리가 현장에서 작업을 하다 보면 문제의 본질을 찾지 못해 헤맬 때가 있다. 이런 경우 <생각의 탄생>에서 제시한 바와 같이 여러 가지 생각의 방법을 활용해 보는 것도 매우 유용할 것이다.

오이디푸스와 안티고네 _ 샤를 프랑수아 랄라베르(Charles François Jalabert)

"현실적이란 말은 실제로 존재하는 모든 것을 의미하는 것이 아니라,
이성의 기준에 합치되는 형태로 존재하는 것을 뜻한다"라고 했던
하르베르트 마르쿠제(Herbert Marcuse)의 명언처럼,
현실적인 문제는 이성적 사고로 해결해야 한다.
이성적인 사고방식을 대표하는 두 뿌리의 사상에 대해서
신화적 비유를 통해 알아보도록 한다.

귀납법은
연역법의 실수를 보완한다

2

오이디푸스는 스핑크스를 죽이고 테베로 갔다. 테베 사람들은 자신들의 왕이 죽었다는 소문을 들었다. 그들은 공포의 대상이었던 스핑크스를 죽인 오이디푸스가 새로운 왕이 되기를 원했다. 그렇게 그들의 추대로 오이디푸스는 테베의 왕이 되었고, 왕실의 전통에 따라 미망인과 결혼을 하게 됐다. 그리고 그 사이에서 에테오클레스, 폴리네이커스, 안티고네, 이스메네라는 네 명의 자식까지 낳는다. 이 두 사람은 서로가 모자지간이란 사실을 모르고 결혼했지만, 이것이 비극의 시작점이 된 근친결혼일 줄은 아무도 몰랐다.

20세기에 들어서 심리학이 급속도로 발전하게 되었는데 그리스 신화를 소재로 인간의 의식과 무의식의 세계를 설명한 개념들도 많이 생겨났다. 그중에서 '오이디푸스 콤플렉스'라는 개념은 오스트리아의 정신분석학자 지그문트 프로이드Sigmund Freud, 1856~1939가 쓴 <꿈의 해석>을 통해 처음 소개됐다. '오이디푸스 콤플렉스'는 유아기의 남아가 자신 외에 어머니를 사랑하는 또 다른 존재, 즉 아버지를 성적 라이벌로 인식하고 아버지를 배척하게 되는 현상을 일컫는 용어로 현대 정신분석학 측면에서 뿐만 아니라 문학과 철학 분야에서도 종종 인용되는 소재이다.

연역법의 실수, 품질사고로 이어진다

오이디푸스는 그리스신화에서 가장 비극적인 삶을 살았던 인물로 대표된다. 잔인하고 냉정한 것을 즐기는 성향을 가진 신탁으로 말미암아 자신에게 붙어 닥친 예정된 불행은 스스로가 극복할 방법을 찾지 않고서는 죽는날까지 그에게 그림자처럼 따라붙을 수밖에 없는 운명이었다.

그는 우연한 일로 붙은 시비에서 친부를 죽였고, 테베의 풍습에 따라 자신의 친모와 결혼하여 자식까지 낳았다. 이 모든 과정이 자신의 의지로 진행된 것은 아무것도 없었다. 그냥 강물이 흘러가듯이 그의 인생은 이미 정해져 있는 운명에 내맡겨져 있었다.

테베가 극심한 가뭄에 시달리자 어느 날 예언자가 나타나 "이 나라가 한 사람 때문에 저주받아서 그런 것이다. 그것은 바로 자신의 친부를 죽이고 친모와 간통한 천인공노할 인간 때문이다"라고 폭로한다. 오이디푸스는 그 천인공노한 인간이 바로 자신이라는 사실을 알게 되었다. 이에 왕비는 그 충격으로 침실에서 목을

매어 자살하고, 오이디푸스 역시 자신에게 처해진 운명이 너무 가혹하고 참담하여 스스로 눈을 찔러 장님이 되고 만다. 그 이후 오이디푸스는 자신의 딸 안티고네의 인도로 정처 없이 거리를 떠돌다 아테네에서 생을 마감하게 된다.

운명을 스스로 선택하지 못하고 이미 결정된 예언에 따라 살아야 했던 오이디푸스. 그는 이 시대 사람들에게 많은 것을 암시한다. 매일 수많은 인파가 도시의 거리를 빽빽이 채우고 있지만 이들 중에서 자신의 의지대로 방향을 정하고 걸어가는 사람이 몇이나 될까? 이들의 발길이 모두 어디론가 향하고는 있지만, 그저 마리오네트 인형처럼 자신을 옭아맨 삶이라는 끈에 조종되어 이리저리 방황하는 것은 아닐까. 조금 비약적인 설명일지는 모르겠으나 "무언가에 꼼짝달싹할 수 없이 얽매여 있다"는 말은 "그의 미래도 이미 결정되어 있다"는 말과 같은 뜻이라고 볼 수 있다. 이런 것을 두고 '결정론에 구속된 상태'라고 한다.

결정론을 이야기할 때 프랑스 수학자 피에르 시몽 라플라스Pierre Simon Laplace, 1749~1827를 빼놓을 수 없다. 그는 뉴턴의 <프린키피아>의 물리학을 근거로 인간의 미래도 예측할 수 있다고 말한 인물이다. 그는 "우주에 있는 모든 원자의 정확한 위치와 운동량을 알고 있는 지성적인 존재가 있다면, 그 존재는 뉴턴의 운동 법칙 'F힘=a가속도×m질량'을 이용해서 과거와 현재의 모든 현상을 설명해 주고,

미래까지 예언할 수 있을 것이다"고 했다.

오늘날 이 말이 '라플라스 악마Laplace's demon'라는 용어로 알려져 있는데, 이 주장은 한때 센세이션을 불러일으켰다. 하지만 그러기 위해서 필요한 방대한 정보관리 기술력이 턱없이 부족할 뿐만 아니라 터무니없는 추론에 불과하다며 많은 학자들이 반박했다. 여기에 인류학자 유발 하라리1974~는 자신의 저서 <사피엔스>를 통해 이런 말을 했다.

"역사는 결정론으로 설명될 수도 예측될 수도 없다. 역사는 카오스적이기 때문이다. … 역사는 이른바 '2단계'의 카오스계다. 1단계 카오스는 자신에 대한 예언에 반응을 하지 않는 카오스다. 가령 날씨는 1단계 카오스계다. 날씨는 무수히 많은 요인에 영향을 받지만 우리는 점점 더 많은 요인을 고려하는 컴퓨터 모델을 만들어 더 정확하게 예보할 수 있다. 2단계 카오스는 스스로에 대한 예측에 반응하는 카오스다. 그러므로 정확한 예측이 불가능하다. 시장이 그런 예다. 만일 우리가 내일의 석유 가격을 100% 정확히 예측할 수 있는 컴퓨터 프로그램을 개발하면 어떤 일이 벌어질까? 석유 가격은 예측에 즉각 반응할 것이고 해당 예측은 실현되지 않을 것이다. 현재 가격이 배럴당 90달러인데 내일은 100달러가 될 것이라고 절대적으로 옳은 컴퓨터 프로그램이 예측한다면 어떻게 될까? 거래인들은 그 예측에 따른 이익을 보기 위해 급히 매입 주문을 낼 것이고, 그 결과 가격은 내일이 아니라 오늘 배럴당 100달러로 치솟을 것이다. 그러면 내일은 어떤 일이 일어날까? 아무도 모른다."

따라서 라플라스가 운동의 법칙으로 설명하려고 했던 미래 예측법은 1단계 카오스계에 국한된 것이고, 여기에는 엄청난 컴퓨터 기능과 자료의 축적이 요구된다는 것이다. 하지만 우리의 미래는 1단계 카오스계만 존재하는 것이 아니라 2단계 카오스적 미래도 있다. 2단계 카오스적 미래를 설명하는 것은 근본적으로 불가능한 것이고 억측에 불과하다는 것이 그의 주장이다.

어떤 측면에서 보면 데카르트René Descartes가 주장한 연역법이 이런 결정론적 사고방식과 유사한 측면을 가지고 있다. 연역법도 "…이가 확실하게 정해져인지하고 있다면"을 가정한 것에서부터 사유가 시작된다는 점에서 닮아있기 때문이다. 하지만 연역법은 수학적으로 증명된 증거를 기반으로 진리를 탐구하는 것을 핵심으로 한다는 점에서 라플라스의 주장처럼 터무니없는 전제와 추측으로 일관하지 않는다. 즉 진리를 탐구할 때는 '첫째, 의심할 수 없을 정도로 확실한 것 외에는 어떤 것도 진리로 받아들이지 말 것. 둘째, 어려운 문제를 해결하기 위해서는 쪼개서 탐구할 것. 셋째, 가장 단순한 것부터 시작해 점점 복잡한 것으로 다가갈 것. 넷째, 문제의 요소들을 열거하고 그중 단 하나라도 빠뜨리지 말 것' 등을 원칙으로 삼고 있기 때문이다. 이를테면 피타고라스 원리는 직각삼각형의 원리를 기초로 도출한 정리이고, 인공위성과 우주탐사선을 우주 궤도에 쏘아 올리는데 근거가 되는 원리는 뉴턴의 운동법칙과 중력법칙이다. 이처럼 기초

제품을 설계할 때 애초에 잘못된 계산의 실수나 착오를 발견하지 못하고 그대로 설계에 반영하는 경우가 있다. 대부분 연역법의 오류에서 기인한 것들이다.

적인 수학적 원칙을 이용하여 더 큰 의미나 진보된 공리와 명제를 유도하는 방식이 '연역법'이라고 할 수 있는데, 이 사상은 확실한 수학적 원칙을 토대로 자연과 사물을 탐구하고자 하는 학문적 태도라고 할 수 있다.

　우리는 때때로 연구·개발 부서에서 제품을 설계할 때 애초에 잘못된 계산의 실수나 착오를 발견하지 못하고 그대로 설계에 반영하는 경우를 종종 본다. 이를테면 치수와 공차의 오류, 성능이나 수명에 대한 계산 착오, 사용의 환경에 대한 잘못된 정보, 기타 예견하지 못한 설계 에러 등의 실수들은 모두 연역법의 오류에서 기인한 것들이다. 이런 오류의 특징은 그것이 가리키는 방향으로 반드시 현상화결정화 된다는데 있다.

요즘은 과거에는 숨겨졌을 법한 자그마한 이슈들까지도 인터넷이나 SNS, 유튜브 등의 매체를 통하여 이 사실이 여과 없이 표출되고 있기 때문에 연역적 사고의 실수는 자칫 오이디푸스의 운명처럼 돌이킬 수 없는 사고로 확산될 수 있고, 심한 경우 기업에 치명적 피해를 입힐 수 있다는 점을 상기해야 한다.

연역법의 실수를 보완하는 귀납법

연역법적 실수를 예방하거나 리스크를 최소화 할 수 있는 방법은 없을까? 이 물음에 대한 해답은 귀납법에서 찾을 수 있다. 이 사상은 프란시스 베이컨Francis Bacon, 1561~1626에 의해 처음 소개되었다. 그는 저서 <신기관新機關, Novum Organum>에서 귀납법에 대하여 다음과 같이 설명했다.

"오직 실험만이 자연과 사물 그 자체에 대해 판단할 수 있다. … 자연에 대한 더 나은 해석은 오직 사례에 의해, 적절하고 타당한 실험에 의해 얻을 수 있다. 감각은 실험을 판단할 수 있을 뿐이고, 오직 실험만이 자연과 사물 그 자체에 대해 판단할 수 있다."

그는 실험경험을 통하여 자연을 탐구하는 것이 가장 강력한 진리 탐구법이라고 강조했다. 30여 년의 세월을 현장에서 근무한 저자의 입장에서는 베이컨의 사상이 몸에 밴 탓인지 그의 주장에 대해서 크게 공감하는 편이다. 그 이유는 연역적 사고방식에서 간과하거나 실수한 문제들을 귀납법을 통해 바로 잡을 수 있기 때문이다. 귀납법은 '과학적 사고'를 바탕으로 하고 있다. 이를테면 어떤 관심사에 대하여 가설을 세우고 그 다음에 그것에 대하여 실험을 통해 증명하고, 증명된 것을 기반으로 최적치를 구하고, 귀납법은 바로 이런 체계화된 형식을 채택하고 있는데 이것이 가장 큰 특징이다. 연역법이 오직 수數로 증명된 진리만을 탐구하는 방식에 초점을 맞추고 있다면 귀납법은 우리에게 이미 인식되고 있는 그릇된 우상[1]을 경험과 실험을 통해 타파하고 거기서 어떤 개념과 공리를 이끌어 내는 것에 초점을 맞추고 있다는데 그 효력이 있다.

이 사상은 오늘날 기업에도 막강한 영향력을 미치고 있다. 예를 들어 연구·개발 부서에서 제품을 설계할 때 설계입력 요소를 결정하고 나서 제품으로서의 요구 적합성, 기능성, 편리성 등을 과학적이고 통계적인 방법을 통해 평가하고 판단하는 일을 수행하게 된다. 이때 귀납법이 핵심적으로 역할을 한다. 이 활동들은 모두 과학적이고 기술적인 지식을 기반으로 하는 활동들로서, 요컨대 설계단계에서의 연구와 분석, 실험, 제조단계에서의 제품검사, 판매단계에서의 평가 등의 활동들이 이에 속한다.

이런 실험적 방법이 귀납법이 추구하는 모형을 그대로 따르고

---

1   베이컨은 인간의 정신을 사로잡는 그릇된 우상으로 종족의 우상, 동굴의 우상, 시장의 우상, 극장의 우상 이 네 가지라고 했다.

있는 것을 보면 알 수 있다. 여기에 설명을 덧붙이자면, 제품을 설계할 때 설계입력 요소는 '필연성'을 따른다. 그런즉슨 연역적 방법에 의한 계산으로 값들이 정해지는 것이고 반면에, 그렇게 완성된 제품은 '사용자의 만족도'를 얼마나 충족시킬 수 있는지를 알아내기 위해서 귀납적 방법을 사용하게 된다. '개연성'을 따르기 때문이다.

만약 오이디푸스가 위에서 설명한 사상들에 대한 의식을 조금이라도 가지고 있었다면 자신에게 주어진 비극을 미리 회피할 수도 있지 않았을까? 물론 그로 인한 우리에겐 매우 아름답고 훌륭한 문화유산이 사라지고 말겠지만, 아무튼 그가 자신에게 벌어진 어떤 이상하고 돌발적 상황에 대해서 단 한 번만이라도 자신을 의심관찰해 보았다면, 다시 말해 아폴론 신전에서 친부를 죽이고 친모와 간통할 운명이라는 신탁을 들었을 때, 이에 경계심을 가지고 어느 누가 시비를 걸어와도 싸우거나 사람을 해치지 않았다면 친모와도 근친상간의 관계도 맺지 않았을 것이다. 그랬다면 그 역시 테세우스나 페르세우스와 같이 승리자의 인물로 신화에 남아 우리에게 비극이 아닌 또 다른 용기와 희망을 주는 희극적 영웅이 되었을지도 모르는 일이다.

헬레나의 납치 _ 도메니코 로부스티(Jacopo Tintoretto)

기업이 시시각각으로 변화하는 환경에 적절하게 대처할 수 있게 하고
갑자기 벌어질 뜻밖의 상황에 대해서도 효과적으로 처리하고 판단할 수 있도록
그 방법론을 제시하는 학문이 오늘날 '경영학'이다.
경영학은 기업이 경영 전략을 세울 때 최선의 선택을 도모하는
방법론이기도 하지만 최악의 상황을 회피하는 예측론이기도 하다.

경영학은
올바른 선택을 위한 과학

3

　기업이 성공적인 사업을 수행하기 위해 무엇보다 미래를 예측하는 능력이 있어야 한다. 물론 기업이 간혹 세운世運이 좋아 성공하게 되는 경우는 종종 있지만, 이는 우연과 확률을 관장하는 여신 티케Tyche가 우연히 이룬 뜻밖의 쾌거를 워낙 기뻐하기 때문이다. 그러나 공교롭게도 이 신은 실패에 대해서는 더욱 큰 쾌감을 느낀다는 사실을 알아야 한다. 그녀는 주사위놀이를 좋아할 뿐 아니라 심술궂고 난폭하며 파멸을 통한 만족감을 더욱 선호한다.

　피상적이고 감각적인 판단만으로 현실의 상황을 임기응변으로만 대처한다면, 헬레네Helene에게 현혹된 파리스Paris의 파멸처럼 먼 미래를 대처하지 못한 자신의 어리석음에 후회하게 될 것이다.

　미래의 일은 예지력豫知力을 이용하여 내다볼 수 있다. 예지력은 갈매기의 눈과 같아서 경험의 좌익과 지혜의 우익이 협력하여 시운으로 대변되는 바람을 마주 보고 활공할 때 가장 높이 오르며,

높이 오를수록 멀리 볼 수 있어 발밑에 유영하는 작은 물고기에 결코 현혹되지 않는다.

'기회비용'을 생각하라

경영학은 기업 전략을 실천할 때 의사결정을 가장 효과적으로 처리하는 방법을 연구하는 학문이다. 그래서 미지의 미래 사건에 대해서 손실이 생길 것과 이익이 적게 나게 될 것을 골라내는 일도 중요하게 여긴다. 그러다 보니 어쩔 수 없이 선택에서 배제된 미지의 사건들이 존재하게 되는데, 이렇게 버려진 사건들이 그냥 버려지는 것이 아니라 자신이 선택받지 못한 것에 분풀이하듯 해코지한다는 것이다. 예컨대 선택된 것보다 오히려 황금알을 낳는 거위가 되어 자신을 배제한 사람을 후회하게 만든다거나 또는 선택된 것과 짝을 이루어서, 자신의 소중한 것을 빼앗긴 데메테르Demeter의 슬픈 모성母性[1]처럼 아무것도 내주지 않거나 준 것을 회수해 버릴 때가 있다.

에리스Eris의 황금사과는 오직 한 여신 아프로디테Aphrodite에게만 돌아갔다. 그러나 선택되지 못한 다른 여신들, 헤라Hera와 아테나

---

[1] 올림포스 12신의 하나인 데메테르는 풍요와 곡식의 신이다. 그녀의 딸 페르세포네(Persephone)가 하데스(Hades)에게 강제로 납치되어 결혼 당하자, 1년 중 1/4의 기간 동안 지옥에 있어야 하는 딸을 그리워하며 열매와 곡식을 맺는 일을 중단한다. 그 기간이 겨울이다.

파리스의 심판 _ 페테르 파울 루벤스(Peter Paul Rubens)

Athena가 파리스의 주변에 존재한다는 사실을 고려했다면 이들에 대한 배려도 필요했다. 왜냐하면 하필 이 여신들이 올림포스에서 가장 영향력이 있는 신인데다 시기심과 질투 또한 강해서 자신의 불쾌한 감정을 가만둘 리 없기 때문이다.

자신의 감정을 해소하기 위해 그녀들은 응당한 대가를 반드시 청구한다. 경영학적인 차원에서 본다면 이런 상황을 '기회비용의 역습'이라고 부를 수 있지 않을까. 하나를 선택하게 됨으로써 나머지 다른 것도 상실하게 되고 심지어 그로 인해 추가적으로 발생하는 모든 비용이 이에 해당될 것이다. 파리스는 자신의 시각 기준으로 아프로디테 외에 다른 여신들을 배척했다. 다른 여신의 제안은 '기회비용'으로 묻혀버렸고 이것이 나중에 문제가 됐다. 누가 세상에서 가장 아름다운 여신인지 선택하기 어려워 책임을 회피한 제우스, 그래서 나약한 인간에게 이 선택을 맡겼던 그의 편협한 인성이야 우리가 일찍이 알고 있었던 사실이다. 여기에 놀아난 우리 인간은 그래서 지금까지도 그 대물림의 죄업을 잇고 있는 것이 아니겠는가. 파리스가 오직 하나를 선택함으로써 다른 여신을 통해 얻게 될 이득을 고스란히 잃게 된 것은 물론, 나머지 여신과 둘로 갈리어 불화전쟁를 불러일으켜서 자신의 왕국 트로이를 멸망의 나락으로 빠뜨리게 한 것. 그것이 '기회비용'의 복수였다.

저자의 경험을 이야기 해보겠다. 2021년 경기도 남양주시에 단독주택을 지을 목적으로 땅을 구입했다. 집을 짓기 위해서는 시공사 선택이 매우 중요했다. 건물 공사에 경험이 없던 저자는 시공사가 제공하는 조건과 샘플 하우스를 믿을 수밖에 없었다. 그런데 결국 시공사의 계략에 넘어가서 공사 도중에 중단하게 되었고 지금까지 그 책임 문제로 법적인 소송이 이어지고 있는 상황이다. 상대방이 적대시 하면서 골은 더욱 깊어졌고 시시비비는 결국 법의 판결로 가릴 수밖에 없게 되었다.

반복되는 선택의 일상을 우리는 매일 보내고 있다. 이는 숙명과도 같은 것이다. 그런데 선택의 실수는 항상 존재할 수밖에 없다. 그렇다면 그 선택으로 말미암아 손실을 최소화할 수 있는 방법도 모색해야 하지 않을까. 그것은 한 가지 방법밖에 없다. 기회비용으로 처리된 것과 적대관계로 유지하지 않으면 된다. 언제든지 열어놓은 문으로 다시 들어오고 나갈 수 있도록 유연한 관계의 끈을 맺는 것이다.

경솔한 판단, 파국으로 돌아온다

2018년 8월 일본이 우리나라를 '화이트리스트 국가'에서 배제했고 이 사건으로 말미암아 양국 간의 갈등이 커졌다. 일본은 북한 등의 위협 국가로부터 자국의 안전을 보호하겠다는 명목상의 이유를 밝혔다. 요컨대 '살상 무기 개발을 위해 필요한 전략 물자'에 대해 수출을 통제하겠다는 것이다. 그러나 일본의 속내는 따로 있다. 우리나라를 향해 무역 보복을 가하겠다는 속셈이다. 그중에서 세계 1위의 반도체 산업을 겨냥하여 반도체를 생산할 때 필수적으로 사용되는 소재에칭 가스, 포토레지스트, 플루오린 폴리이미드 등에 대하여 수출 규제를 하겠다는 것이다. 일본의 이러한 결정선택에는 자신의 경제 위상과 맞물린 반도체 산업의 근간을 휘어잡겠다는 속셈이다.

일본의 선택이 목표를 어디에 두고, 무엇을 노리고 있는지 짐작할 수 있다. 필연적으로 역사적 문제로 갈등을 이어왔던 두 나라 사이에서 패권을 쥐겠다는 의도가 농후하다. 그러나 일본이 이런 행동을 스스로 선택함으로써 자신이 무엇을 잃을 수 있는지 고찰하지 못했다. 일본의 자국 제품이 우리나라에 입점하여 맹위를 떨

우연과 확률의 여신 티케(Tyche)는 우연히 이루어진 뜻밖의 쾌거를 기뻐한다. 그러나 이 여신은 실패에 더욱 큰 쾌감을 느낀다는 사실을 잊지 말아야 한다.

치고 있는 품목이 얼마나 많은가. 대표적으로 자동차·의류·기계·식품·물류 등 이러한 부문의 상품들이 일본 경제에 그동안 효자 노릇을 톡톡히 하고 있지 않았는가.

현재 우리 국민이 일본 상품에 대해 불매 운동을 전개하고 있다. 몇 개월 동안 지속된 불매 운동을 통해 일본은 적지 않은 손실을 입고 있다는 통계지표가 속속 나오고 있다. 이 상태가 장기화하게 되면 일본은 다시 손익 계산서를 따져야 할 것이고 결국 '기회비용의 역습', 즉 배제된 두 여신의 보복으로 말미암아 자신들이 얼마나 현명하지 못한 결정을 했는지를 그 행위로 비롯된 손실을 보며 후회하게 될 것이다. 더 나아가 일본 경제계에서 원망이 날로 높아질 것이고, 일본 기업들은 우리나라의 민심과 소비자의 심리를 예의주시하며 예전처럼 원만했던 관계로 돌아가자고 화해의 제스처를 보내올지도 모른다. 일본은 현재 우리나라에서 확산되고 있는 일본 상품에 대한 보이콧 운동이 역사적 악감정과 맞물려서 파죽지세로 퍼져 나가고 있는 것을 심각하게 생각해야 한다.

우리나라에서 유명 브랜드로 굳게 자리 잡고 있는 일본의 의류 회사의 임원이 한국에서 벌어지고 있는 일본 상품 보이콧 운동을 심각하게 받아들이기는커녕 '이 불매 운동은 오래가지 못할 것이다'라고 콧방귀 뀌듯 말했다가 큰 곤혹을 치렀다. 경솔한 그들의 발언 속에는 우리 국민감정을 경시하는 태도도 담겨 있어서 문제가 됐던 것이다.

일본이 착각하고 있는 것이 있다. 우리 국민은 감정 기복이 심해도 곧 관계 회복을 하곤 했는데, 그것이 변덕이 심해서가 아니라 선한 민족의 성품을 타고났기 때문이라는 것을 그들이 모르고 있다. 이런 배려를 바탕으로 용서를 잘하는 민족으로 그들은 왜곡하고 있으며, 과거의 경험에 비추어 볼 때 그들을 향해 반복되었던 우리의 화해가, 그리고 우리가 그들을 토닥거려준 인정을 향해 이런 식으로 비꼬아서 말하는 것은 그야말로 '결례'가 아니고 무엇이겠는가.

그들은 국제법과 나라와 나라 간에 맺은 국가 간 협약 따위는 헌신짝처럼 취급하고 무시했다. 국가 간 약속을 도저히 이행할 수 없는 지경에 처한 상황도 아니고 자국의 안보 문제에 위협적인 요소가 되는 특별한 국면도 없다. 그런데 지금 그들이 내세운 명분이란 것이 곱씹어 볼수록 얄팍한 정치적 계략과 맞물려 억지를 부린 것으로밖에 볼 수 없다. 그들이 내뱉은 경솔한 말 속에는 우리 국민의 의식 수준을 노골적으로 경시하는 태도도 스며들어 있다.

이 신화가 우리에게 경고하는 것처럼, 다시 말해 파리스의 경솔한 판단과 행동으로 말미암아 그에게 돌아간 파국이 얼마나 참혹한 일이 되었는지 그들이 무시로 재현하고 있는 것이 안타깝다.

기회와 선택, 기업 운명을 좌우

파리스의 판단 실수는 그의 불행으로만 국한되지 않았다. 자신의 운명은 물론, 자신의 형 헥토르Hector를 죽음으로 내몰았고, 트로이 왕국을 회복 불능 상태에 빠뜨렸다. 한순간의 섣부른 판단이 부른 실수, 즉 '아름다움'을 '보이는 것'에서만 찾았던 파리스의 어리석은 판단과 행동이 어찌해서 그에게 주어질 수도 있었던 수많은 기회를 뙤약볕 무더위에 노출된 얼음 조각처럼 녹아 없어지게 만들었는지, 게다가 자신에게 이미 주어진 풍부한 재산과 명예, 안락한 삶마저도 잃게 만들었는지 우리는 깊이 깨달아야 한다.

우리가 살아가는 과정에서 기회를 선택하는 날을 수없이 만난다. 매일 반복되는 것 중에는 "점심에는 무엇을 먹을까?", "오늘은 누구를 만날까?" 등이 될 것이고, 심기일전해야 하는 각오와 관련된 말 중에는 "담배를 끊자!" 또는 "술을 마시지 말자!" 등이 있다. 평생에 한 번 선택해야 하는 일 중에는 "배우자를 누구를 선택할 것인가?", "어느 회사에 입사지원서를 낼 것인가?" 등이 있다. 이러한 여러 기회 중에서 자신이 선택한 것이 호재가 될지 악재가 될지는 경험과 지혜의 양 날개를 휘저으며 활공하는 갈매기의 눈으로 내려다보아야만 알 수 있다.

　지평선 끝과 눈 아래 펼쳐진 지상의 사물과 자연의 법칙을 고려하여 심사숙고 끝에 판단해야 한다. 이러한 점에서 '경영 과학'은 기회의 이점이나 기회 간의 조응 관계를 주도면밀하게 살피는 학문이라고 할 수 있다.

시시포스 _ 티치아노(Vecellio Tiziano)

인간은 끝없는 노동의 고통에서 벗어날 수 없다.
이는 우리의 조상 시시포스가 신을 거역한 죄로
지금도 천형을 수형하고 있기 때문이다.
그러나 인간은 그 고통을 삶의 의욕으로 승화시킬 줄 알았다.
시시포스가 오늘날 우리 인간에게 전하는 메시지가 무엇인지
이 신화를 통해 알아보자.

정의를 알았던 최초의 인간, 시시포스

시시포스는 코린토스Korinthos의 왕이다. 바람의 신 아이올로스 Aeolos와 그리스인의 시조로 알려진 헬렌Hellen 사이에서 태어났다. 호메로스Homer는 시시포스를 '인간 중에서 가장 현명하고 신중한 사람'이라고 말했다. 그러나 신들의 입장에서 볼 때에는 '음험하게 남의 이야기를 엿듣기 좋아하고, 신중하지 못한 입을 가지고 있으며, 교활하기 짝이 없는 존재'로 낙인찍힌 존재로 묘사되고 있다. 또한 신인 자신들을 우습게 여기고 우롱했다는 점에서 매우 괘씸하기 그지없는 인간일 뿐이었다.

신들의 눈 밖에 나다

시시포스는 인간 주제에 감히 신들의 부조리를 고발하고 정의를 외쳤다는 이유로 신들로부터 크게 눈총을 산 인물이다. 도둑의 신이며 전령의 신 헤르메스Hermes는 어머니 마이아Maia의 몸에서 태어나자마자 바로 그날 저녁 강보에서 빠져나가 대담하게도 태양의 신 아폴론Apollon이 키우는 소를 훔쳤다. 그는 떡갈나무 껍질로 소의 발을 감싸고, 꼬리에 싸리 빗자루를 매달아 땅바닥에 끌리게 함으로써 발자국을 감쪽같이 지우는 치밀함을 보이면서 도둑질을 했다. 그러고는 시치미를 뚝 떼고 자신이 태어난 동굴 속의 강보로 다시 돌아가 아무것도 모르는 갓난아이 행세를 했다.

헤르메스의 이 완전 범죄를 망쳐 놓은 인간이 바로 시시포스다. 아폴론이 자신의 소가 없어진 것을 알고 이리저리 찾아다니자 시시포스는 "존경하는 태양의 신이시여, 강보에 싸여 태연히 갓난아

제우스를 기다리는 아이기나
_페르디난트(Ferdinand)

이처럼 있는 헤르메스가 소를 훔쳐 가는 것을 제가 보았습니다"라고 일러바쳤다. 아폴론은 헤르메스의 도둑질을 제우스에게 고발하였고, 이 일로 시시포스는 범행의 당사자 헤르메스뿐 아니라 제우스로부터도 눈총을 받게 되었다. 자신들이 도둑질을 하든 말든 감히 인간이 끼어든 것을 주제넘게 여겼기 때문이다. 이런 일로 가뜩이나 신들의 눈 밖에 나 있던 시시포스는 얼마 후 신들로부터 결정적으로 미움을 받게 되는 사건을 저지르게 된다. 밤낮을 가리지 않는 바람기로 유명한 제우스가 독수리로 변해 요정 아이기나Aigina를 납치해 가는 현장을 시시포스가 목격하게 된 것이다. 시시포스는 아이기나의 아버지인 강의 신 아소포스Asopos를 찾아갔다. 딸 걱정에 한숨만을 내쉬고 있는 아소포스에게 "내 부탁을 하나 들어 준다면 딸이 있는 곳을 가르쳐 주겠다"고 제안했다. 코린토스를 창건하여 다스리고 있던 시시포스는 당시 나라에 물이 귀해 고생을 하고 있는 백성들을 위해 마르지 않는 샘 하나를 만들어 달라고 요청했다. 대지가 높은 코린토스의 땅에 물줄기를 끌어올리는 게 쉬운 일은 아니었지만 딸을 찾는 게 무엇보다 급했던 아소포스는 그의 요구를 들어준다. 시시포스는 아소포스에게 제우스가 아이기나를 납치해 간 섬의 위치도 알려 주었고, 그 덕분에 아소포스는 자신의 딸을 제우스의 손아귀에서 구할 수 있게 도와주었다.

지혜로 위기를 극복하다

제우스는 자신의 부도덕한 비행을 엿보고 그것을 아소포스에게 일러바친 자가 시시포스임을 알아내고는 분노하며 "당장 시시포스를 잡아오라"고 저승사자 타나토스Thanatos에게 명령했다. 그러나 시시포스는 제우스가 어떤 식으로든 자신에게 보복하리라는 걸 미리 직감하고 있었기에 자신을 잡으러 온 타나토스가 찾아오자 그를 쇠사슬로 꽁꽁 묶어 돌로 된 감옥에 가두어 버린다.

타나토스가 감옥에 갇혀 있다 보니 수명을 다한 사람을 저승으로 데려가지 못하는 전대미문前代未聞의 괴기 사건이 지상에서 벌어지고 말았다. 그가 갇혀 있는 동안에 이미 죽었어야 할 사람들이 산 사람과 동등한 자격으로 세상을 활보하는 일이 생기니 저승의 헌법에 해당하는 '명부' 규칙이 흔들리고 인간 세상에도 대혼란이 생기게 되었다. 지옥의 왕 하데스Hades가 황당하기 그지없는 이 사태를 제우스에게 고했고, 제우스는 자신의 아들이며 전쟁의 신인 아레스Ares에게 "타나토스를 구출하라"고 명령한다.

이 소식을 전해들은 시시포스는 잔인하기 이를 데 없는 아레스에게 섣불리 맞섰다가는 자신의 나라 코린토스가 황무지로 변하게 될 것이 명약관화明若觀火 했기에 이번에는 순순히 항복해야겠다고 마음을 고쳐먹게 된다. 그는 자신의 운명을 타나토스의 손에 맡긴 채 저승길에 오른다. 그러면서 왕비 멜로페Merope에게 한 마디만 전할 수 있게 해 달라고 타나토스에게 간청한다. 타나토스가 그 간청을 허락하자 그는 멜로페에게 이렇게 명령한다.

"내가 지옥에 가 있는 동안 시신을 화장도 매장도 하지 말고 광장에 내다 버리되 장례도 치르지 마시오!"

저승에 도착한 시시포스는 하데스를 알현하는 자리에서 다음과 같이 읍소泣訴한다. "제 아내가 저의 시신을 광장에 내다 버리고 장례식도 치르지 않

저승의 지배자 하데스는 아레스에 의해 사로잡힌 시시포스를 벌하려 하였으나 꾐에 넘어가 그를 다시 이승으로 보내주는 실수를 저질렀다.

은 것은 죽은 자를 수습하여 무사히 저승에 이르게 하는 이제까지의 관습을 조롱한 것인즉 이는 곧 지옥의 지배자이신 대왕에 대한 능멸이나 다름없으니 제가 다시 이승으로 가서 아내의 죄를 단단히 물은 후 돌아오겠습니다. 하오니 저에게 사흘간만 시간을 주십시오."

하데스는 시시포스의 꾐에 넘어가 그를 다시 이승으로 보내 주었다. 그러나 사흘 만에 돌아온다던 시시포스는 그 약속을 지키지 않았다. 영생불사永生不死 하는 신이 아니라 한 번 죽으면 그걸로 그만인 인간의 목숨을 가진 그로서는 이승에서의 삶이 너무도 소중했던 것이다. 하데스가 몇 번이나 타나토스를 보내 을러대기도 하고 경고하기도 했지만 그때마다 시시포스는 갖가지 말재주와 임기응변으로 지옥에 되돌아가는 것을 회피했다.

그는 그 후로도 오랫동안 천천히 흐르는 강물과 별빛이 되비치는 바다와 금수초목禽獸草木을 안아 기르는 산과 날마다 새롭게 웃는 대지 속에서 삶의 기쁨을 향유했다.

희망은 동일한 일상 속에서 찾아내는 것

인간은 평생 노동의 굴레에서 벗어나지는 못해도 새로운 것을 창조하려는 의지가 있어 희열을 느낄 줄 아는 존재이다. 그렇기 때문에 희망을 품은 '판도라의 항아리'가 미래를 선물하기 전에 이미 퍼진 재앙들과 조우하게 함으로써 우리를 늘 두려움과 긴장 속에 살아가게 한다. 하지만 시시포스가 그러했듯이 우리는 그 두려움과 긴장을 오히려 부조리한 삶에 대항하는 불쏘시개로 삼고 있다. 노동의 즐거움은 동일한 노동 속에서 현실에 대항하는 자유와 반항현실의 문제를 개선하려는 의지 또는 투쟁에서 생겨난다.

126

새로운 것을 소유하고 싶은 갈망, 그래서 반복된 일상에서도 무언가 끊임없이 생각하고, 연구하고, 도전하고, 창조하는 일련의 생명 활동은 마지막에 남아 있는 엘피스Elpis, 희망의 기대 때문이다. 그 가운데서 광부들처럼 땅속에 묻힌 기쁨을 찾아 캐는 것은, 지금도 시시포스의 피가 우리 몸속에 흐르고 있기 때문이다.

시시포스 _ 안토니오 잔치(Antonio Zanchi)

제우스의 비행을 고발해 미움을 산 시시포스는 결국
저승의 지배자 하데스에게 목숨이 거두어질 위기에 처하고 말았다.
시시포스는 뛰어난 말재주와 임기응변으로 위기를 극복하고
천수(天壽)를 누렸지만 역시 한 명의 인간에 불과했다.
정해진 운명에 따라 하데스의 앞에 선 시시포스에게
영원히 끝나지 않을 형벌이 기다리고 있었다.

자유와 열정으로
고통 속에서 행복을 찾다

5

시시포스가 천세를 누리고 지옥으로 떨어졌을 때 하데스가 내린 시시포스의 형벌은 이렇다. 지옥에 있는 높은 바위산 기슭에 큰 바위 하나를 가리키면서 "저 바위를 산꼭대기까지 밀어 올리는 것이다. 무얼 꾸물거리느냐, 냉큼 실행하지 않고."

그의 불같은 호령에 시시포스는 온 힘을 다해 바위를 밀어 올렸다. 그러나 바로 그 순간 바위는 제 무게만큼의 위력으로 다시 굴러 떨어져 버렸다. 그러면 시시포스는 다시 바위를 밀어 올려야만 했다. 그리하여 시시포스는 '하늘이 없는 공간, 측량할 길 없는 시간'과 싸우면서 영원히 바위를 밀어 올려야만 했다.

다시 굴러 떨어질 것을 뻔히 알면서도 산 위로 큰 바위를 밀어 올려야 하는 영겁의 형벌! 끔찍하기 짝이 없다. 언제 끝나리라는 보장이라도 있다면 모를까. 시시포스의 무익한 노동 앞에는 헤아릴 길 없는 영겁의 시간과 고통만 주어졌을 뿐이다.

부조리에 대항하는 영웅, 시시포스

　이 신화는 감히 신을 능욕하고 신의 법칙을 어긴 죄로 인간이 받게 된 형벌을 표현하고 있다. 이 형벌이 얼마나 고통스러울지 생각만 해도 끔찍하다. 커다란 바위를 반복해서 산꼭대기로 밀어 올려야 하는 인간 시시포스의 형상은 많은 화가들이 즐겨 소재로 삼았다.

　시시포스의 이야기는 최초의 인간 아담과 이브가 선악을 알게 됨으로써 에덴의 동쪽으로 멀리 쫓겨날 때 모습과 닮아있다.[1] 인간이 태어나자마자 안고 살아야 하는 '원죄原罪'를 그리스신화에서도 시시포스의 형벌을 통해 인간에게 고스란히 전가했던 것이다.

　프랑스의 소설가이며 철학자인 카뮈Albert Camus, 1913~1960는 에세이 <시시포스의 신화>에서 "시시포스는 형벌로 고통스러워하는 존재가 아니라 부조리한 것에 대항하는 인간의 영웅적인 모습이다"라고 역설했다. 다시 말해 시시포스를 체념의 인간이 아니라 수없이 반복되는 고통의 형벌을 묵묵히 자신의 운명으로 받아들여 거기에서 승화된 어떤 기쁨을 터득하고 심지어 창조하기까지 하는 인간의 표상이라고 했다.

　그렇다면 인간이 행복을 느끼는 그 원천은 도대체 인간 내부 어

1　(창3:17-19) 아담에게 이르시되 네가 네 아내의 말을 듣고 내가 네게 먹지 말라 한 나무의 열매를 먹었은즉 땅은 너로 말미암아 저주를 받고 너는 네 평생에 수고하여야 그 소산을 먹으리라. … 너는 흙이니 흙으로 돌아갈 것이니라 하시니라.

디에 있는가? 인간은 동물과 달리 삶의 지루함과 싫증을 느끼는 존재이지 않은가? 차라리 형벌을 받더라도 형벌의 종류가 다양하다면 고통도 다양하여 차라리 나을 텐데, 신은 그런 인간의 끈기 없는 감성을 노리고 반복된 형벌을 가하여 영원한 고통을 받게 했다. 그러나 시시포스는 바위가 떨어질 때마다 뚜벅뚜벅 산 아래로 내려가 바위를 밀어 올린다. 신도 이쯤에서 자신들이 뭔가 계산 착오였음을 느끼고 형벌을 바꿀 만도 한데, 지금도 시시포스는 바위 돌을 산꼭대기에 밀어 올리고 있다.

왜일까? 어째서 인간은 자신에게 내려진 가혹한 형벌을 기꺼이 감내하고 있는 것일까. 끝도 없는 고통의 굴레 속에서 어떻게 그것이 기쁨으로 승화되기까지 하는 희한한 일이 벌어지고 있는 것일까. 이 광경은 환경의 무한 변화에도 잘 순응하고 견딜 줄 아는 인간의 인내심을 신이 파악하지 못했기 때문이다. 인간 내부의 어딘가에서 자생한 원천. 아시다시피 올림포스에 거주하는 신들은 자신의 영역 안에서의 절대 권력이데아을 구사할 줄만 알지 나머지 생각과 행동은 인간보다 더 낫다고 볼 수 없다. 인간은 신에게조차 부여되지 않은 능력을 타고난 것이다.

인간은 프로메테우스에게 '불'만 선물 받은 것이 아니다. 불의 성질을 갖는 아테나의 '지혜'도 함께 받았기 때문에 어디로 튈지 모르는 자유로운 영혼을 소유하게 되었고, 행동을 가늠하기 어려운 존재가 되어 있었다. 그것이 신으로 하여금 판단 착오를 일으키게 하는 핵심적인 본성이 되었던 것이다.

기존 규율에 대한 반항과 투쟁, 틀에 박힌 현실에 대한 거부, 인생이 똑같은 일로 반복되고 새로운 것이 없다고 할지라도 그 속에서 자신의 삶에 대한 궁극의 긍정을 캐내는 인간의 의지와 심성은 신조차 탄복할 기질이었던 것이다. "사물은 변화하고 그 속성도 변화하나, 사물이 변화할 때는 하나의 속성 또는 규정이 소실되고 다른 속성이 그에 대체 된다"는 헤겔Georg Wilhelm Friedrich Hegel, 1770~1831의 말처럼 시시포스는 반복된 동일 작업 속에서 일어날 수 있는 모든 경험과 자신에 관념의 자유로움 속에서 단조로운 천벌에 주저앉지 않았다. 더군다나 시시포스는 자신에게 처해진 어처구니없는 상황을 자살이라는 선택을 통해 해소하려고 하지도 않았다. 주어진 삶을 받아들이고 끊임없이 개척하면서 기쁨을 창출할 줄 알았다.

반항은 기존의 것을 폐기시키는 행위가 아니다

시시포스는 우리의 모습이다. 그의 형벌은 반복되는 인간의 노동을 반영하고 있다. 그토록 고리타분하고 단조로운 운명에 얽매어있지만, 자유와 열정이 있기에 행복을 느끼고 살아가는 존재다.

오늘날의 사회를 일컬어 '4차 산업혁명 시대'라고 한다. 이는 '3차 산업'의 계승에 불과한 것이라고 주장하는 사람도 있지만, 정확히 말하면 '3차 산업'의 반항에서 생겨난 것이다.

지난날 '3차 산업혁명' 역시 '2차 산업'의 반항에서 태어난 것이다. 이러한 과정은 지나간 것을 철저하게 부수고 배척하고 있지만 폐기하지 않았다는 뜻이다. 지나간 것은 새로운 것의 발판이 되는 선수학습先手學習이 되고 그 위에 탑을 세운 반석이다. 그러므로 타임라인 상에서 전후의 인과관계만큼은 분명하게 연결되어 있다.

현재 우리나라에서는 '4차 산업혁명'이라는 동력을 이용해 대한민국이라는 항모航母의 엔진이 가열된 지 수년이 지나고 있다.

운동의 법칙이라는 것이 원래 그러하듯이 처음에는 많은 에너지가 소요된다. 그러나 물질이 갖는 자연법칙 중에 자연이 인간에게 공짜로 준 선물이 있다면 그것은 바로 '관성의 법칙'일 것이다.

처음에 수고한 동력으로 힘이 생기면 그 추진력으로 저절로 잘 굴러가게 만드니까 말이다. 결국 그 항모가 움직이는 방향으로 준비된 모든 사업은 새로워지게 되고 혁신을 이룰 것이다. 이것이 장차 우리가 꿈꾸는 미래가 아닐는지.

매일매일 삶이 고달플지라도 우리는 시시포스의 후예다. 지금의 고통은 기쁨의 발판이 되리라는 것을 믿는다. 절망이란 없다. 그렇다고 희망이 마냥 샘솟는 삶이 연속될 것이라는 확증도 없다. 다만 현재와 현실에서 알알이 드러내 보이는 보석 같은 일상을 캐낼 줄 안다는 것이다.

판도라 _ 존 윌리엄 워터하우스(John William Waterhouse)

판도라는 인간 세계를 멸망시키기 위한 목적으로
제우스가 헤파이스토스에게 지시하여 만든 여인이다.
그녀는 프로메테우스의 당부를 무시하고
신이 준 항아리를 열어 인간 세계에 재앙을 퍼뜨렸다.
이처럼 우리는 어떤 일을 시작하기 전에
그 일로 하여금 어떤 문제가 생길지에 대해 인식하지 못하는 경우가 많다.
프로메테우스적인 통찰력이 필요한 이유다.

재앙은 없다, 희망만 남아 있을 뿐

6

프로메테우스가 천상의 전유물인 불을 인간에게 내준 것을 알아 챈 제우스는 크게 분노했다. 제우스는 인간을 굶겨 죽일 양으로 좋은 음식은 모두 자신에게 바치도록 명령했다. 프로메테우스가 제우스의 계략을 눈치 채고 제물로 바쳐지는 소의 살코기와 내장을 분리해서 제우스에게는 내장을 바치게 하고 살코기는 인간이 먹으라고 했다. 결국 제우스의 이 계략이 실패로 돌아가자 그는 또 다른 계략을 꾸몄다.

"어떻게 하면 인간을 모두 없앨 수 있을까? 옳지, 내 아들 헤파이스토스에게 인간에게 줄 선물을 만들라고 해야겠군."

아버지 제우스의 지시로 헤파이스토스는 인간에게 줄 선물을 만들었는데, 그것이 바로 최초의 여성 '판도라Pandora'다. 판도라는 헤파이스토스 자신의 아내 아프로디테Aphrodite의 모습을 본떠 만들었다.

인간 세계에 퍼진 재앙

프로메테우스가 만든 남자에게는 아테네가 두뇌를 주었다면, 판도라에게는 기만적인 성격을 가진 헤르메스가 뻔뻔함을 불어넣었고, 아프로디테는 질투와 근심과 호기심을 주었다.

아테네는 프로메테우스가 만든 남성에게는 두뇌를 주었으니 헤파이스토스가 만든 여성에게는 같은 인간임에도 불구하고 동일한 능력을 줄 수 없어서 고작 바느질과 베 짜는 법을 가르쳐 주었다. 제우스는 판도라를 미련한 에피메테우스와 살도록 정하고 인간 세계로 보냈다. 그리고 판도라가 지상으로 내려갈 때 항아리를 딸려 보냈는데, 이 항아리 속에 질병·고통·절망·슬픔·원한·복수심을 가득 담아 놓았다. 이 사실을 안 프로메테우스는 판도라에게 "이 항아리 뚜껑을 절대 열면 안 된다"고 충고했다.

그러나 뻔뻔하고 호기심 많은 판도라는 얼마 후 에피메테우스와의 부부 생활에 권태감을 느끼고 "뭐 재미있는 일이 없을까?" 궁리하던 끝에 지상으로 내려올 때 가지고 온 항아리를 생각해 낸다. 호기심 많은 판도라는 프로메테우스의 충고를 거역하고 항아리 뚜껑을 연다.

그 순간 그 안에 갇혀 있던 온갖 재앙이 인간 세상으로 튀어나와 흩어지기 시작했다. 그녀는 놀란 나머지 황급히 뚜껑을 닫았지만 이미 모든 재앙이 세상에 퍼진 후였다. 헤시오도스[1]는 <노동과 나

날>에서 이 상황을 다음과 같이 표현했다.

"그때까지 지상에 사는 인간의 종족들은 아무런 번민도 없었고, 괴로운 노동도 없었으며, 죽음을 가져다주는 질병도 모르고 살아왔다. 그런데 판도라가 뚜껑을 열어 항아리의 내용물을 마구 흩어 놓아 인간 세계에는 온갖 고난을 초래하게 됐다. 항아리에는 한사람 엘피스Elpis만이 맨 밑바닥에 남아 있었다. 구름을 모으는 힘과 아이기스방패를 가진 제우스의 계략으로 판도라는 엘피스가 밖으로 나오기 전에 뚜껑을 닫았기 때문이다. 그러나 엄청난 다른 재앙들이 인간 세계에 횡행하게 됐다."

판도라가 항아리의 뚜껑을 연 순간 모든 재앙의 시작을 알린 것이다. 이 대목에서 신화가 무엇을 암시하는지 알아볼 필요가 있다. 우리는 어떤 일을 시작하기 전에 그것으로 하여금 어떤 문제가 생길지에 대해 알지 못하며 그것이 존재하는지조차 모르고 있을 때가 대부분이다. 이때 필요한 것이 바로 '프로메테우스적인 통찰력'이다. 문제라는 것은 일이 시작되고 나서야 비로소 드러나게 되는데, 그것은 사람마다의 경험과 그 경험의 종합을 통해서 간신히 인지할 수 있다. 이것을 두고 집단지성이라고도 한다.

---

1   헤시오도스는 기원전 8세기 고대 그리스의 작가로, 출생과 사망의 연대는 미상이다. <노동과 나날>, <신들의 계보> 등이 오늘날까지 전해지고 있다.

판도라 항아리 _ 장 쿠젠 더 엘더(Jean Cousin the Elder)

프로메테우스의 통찰력이 필요하다

보통 우리가 직장에서 제품을 설계할 때 사전에 고객의 니즈요구
사항를 파악하고, 사용 환경 조사를 거치고, 기술적 특성을 고려하
고, 이를 시제품 제작mock-up과 함께 성능 테스트, 적합성 테스트,
제품 심의, 품평회 등과 같은 활동을 진행한다. 이러한 과정에서
우리가 미처 보지 못하거나 간과한 문제들을 항아리 속 재앙들로
설명되며 제품 속에 고스란히 담기게 된다.

제우스는 인간을 멸망시키기 위해 인간이 멀리해야 할 속성죽음·
고통·질병·고난과 같은 인간 수명을 저해하는 요인을 항아리에 가득 채워 놓았던 것이
다. 저주의 대표적 속성은 수명을 최소화하는 것을 근본적인 목표

로 삼는다. 이를 제품으로 옮겨 생각해 보면, 제품의 대표적 속성은 그것이 갖는 기능과 내용 수명을 상실시키는 것으로 설명할 수 있다.

제품의 품질 활동 중에서 수명보증 활동은 시방서 확인이나 검사 행위만으로 보증되는 것은 아니다. 제품이 탄생할 때부터 수명의 길이를 보장할 수 있는 기술력이 제품에 내포되어 있어야 한다. 이것을 '타고난 수명_{또는 태생적 수명}'이라고 한다. 개와 인간의 타고난 수명이 다르고 코끼리와 사자의 타고난 수명이 다르듯이 말이다. 코끼리는 지상에 사는 동물 중에서 비교적 오래 사는 동물에 속한다. 반면에 사자는 코끼리에 비해 수명이 상대적으로 짧다. 그러나 두 동물을 폐쇄된 공간에 격리해 놓고 고깃덩이만을 먹이로 넣어 준다면 코끼리가 먼저 죽게 되는 것은 자명한 일이다.

코끼리는 초식동물이기 때문이다. 이 상황을 두고 두 동물의 숙명적 본질이라고 할 수 있는 수명이 뒤바뀌었다고 판단하는 것은 잘못이다. 코끼리의 죽음은 '처해진 환경'에 의해 발생한 사고이기 때문이다.

이와 같은 이상 상황을 제외하고 수명은 제품이 가진 것 중에 가장 우선하는 속성이라고 할 수 있다. 제품의 품질은 결국 '주어진 기능을 정해진 사용 환경에서 얼마나 오랫동안 그 기능과 성능을 구현할 수 있는가'로 대변하는 신뢰성으로 귀결된다.

이 신화에서 신이 사람의 수명을 저해하는 것을 최대의 재앙으로 삼았듯이 제품에 대한 재앙 역시 수명과 직접적으로 맞물려 있는 것이다. 그렇기 때문에 지금 판도라의 항아리에 마지막으로 남아 있는 희망에 의지하면서 우리는 이미 퍼진 재앙 하나하나를 규명하고 드러내고자 하는데 전력하고 있다. 판도라가 닫아 놓은 항아리 뚜껑의 밑바닥에 엘피스가 남아 있다. 밀폐된 그의 모습을 우리가 아직 보지 못했다. 볼 수 없는 그의 정체로 말미암아서 우리에게 궁금증을 자아낸다. 희망은 곧 궁금증의 정체인 것이다.

미지의 상황, 즉 궁금증의 본질을 알아내기 위한 인간의 욕망은 오래전부터 시작됐다. 지금으로부터 500년 전 행운과 불운을 관장하는 포르투나와 과학의 여신 사피엔시아가 모습을 드러내면서부터 본격화됐다.[2] 인류 최초의 과학혁명이 시작될 무렵 두 여신이 세상에 알려졌다. 두 여신은 미래에 대한 궁금증을 각자 독특한 방식을 이용하여 풀어냈는데, 그 중 포르투나는 두 눈을 가리고 자신이 들고 있는 수레바퀴와 그에 달린 공의 움직임에 의존하여 알아내려는 모습이고, 사피엔시아는 두 눈을 크게 뜨고 자신이 들고 있는 거울 속에 비친 하늘의 태양과 달, 별 등 천체의 움직임을 통해서 풀어내는 모습을 하고 있다.

---

2   두 여신의 모습은 카를루스 보빌루스의 「지혜에 대하여Liber de sapiente, 1510년」의 삽화에서 처음 등장했다.

포르투나는 행운에 의존하고 있는 모습을 보여준 것이다. 이와 반대로 사피엔시아는 천문학을 이용해 앞으로 다가올 일을 예측하고 있는 모습을 하고 있다. 사피엔시아는 근대 과학의 자신만만한 모습을 나타낸다.

그 당시 우리의 선조조차도 사피엔시아의 모습을 선호하고 있었거늘, 그로부터 수백 년이 지난 지금 기업은 어찌하여 연구개발 및 생산 활동이 포르투나의 모습을 닮아있을까?

헤라는 헤라클레스에게 '12가지 과업'을 달성하도록 지시한다. 그러나 헤라클레스는 자신을 증오하는 헤라를 미워하지 않았고, 오히려 주어진 불행을 운명으로 여기며 인간 본연의 미덕을 찾으려고 노력했다.

우리는 종종 사회생활을 잘한다는 평가를 받던 사람과 그렇지 못한 사람의 처지가 바뀌는 경우를 보게 된다. 까칠하고 직언도 서슴지 않아 직장 상사의 '눈엣가시'와 같던 이들이 얼마의 시간이 흐른 후 일로써 능력을 인정받게 된다. 헤라가 내린 12가지 과업을 완수하고 결국 인정받은 헤라클레스와 같이 '진심'과 '실력'은 결코 배신하지 않는다.

신화로 즐기는 품질 여행

Chapter 3

도전

두꺼운 가죽으로 덮인 사자와 헤라클레스 _ 페테르 파울 루벤스(Peter Paul Rubens)

우리는 종종 일이나 사회생활을 잘한다는 평가를 받던 사람과
그렇지 못한 사람의 처지가 바뀌는 경우를 목격하게 된다.
무뚝뚝하고 까칠하며 때로는 직언도 서슴지 않아 직장 상사의 '눈엣 가시'와 같던
이들이 얼마의 시간이 흐른 후 일로써 능력을 인정받게 된다.
헤라의 저주와 같은 12가지 과업을 완수하고 결국 인정을 받은
헤라클레스의 사례와 같이 '진심'과 '실력'은 결코 배신하지 않는다.

저주를 축복으로,
헤라의 마음을 얻은 헤라클레스 1

그리스신화에서 가장 영웅적인 모습으로 묘사된 인물을 꼽으라 하면 헤라클레스Heracles를 빼놓을 수 없다. 그 역시 제우스가 바람을 피워 낳은 자식이다. 제우스가 바람피워 태어난 자식들은 신화 줄거리 곳곳에서 고난을 겪게 되는데 그 중심에는 가정의 안녕과 결혼을 주관하는 헤라의 저주와 복수가 따라다녔기 때문이었다.

태양의 신 아폴론과 사냥의 여신 아르테미스 쌍둥이 남매도 제우스가 바람을 피워 태어난 자식이다. 그의 어머니는 레토라는 여신이었다. 사실은 제우스가 헤라보다 레토를 먼저 사귀었다가 결혼만 안 했을 뿐이지 제우스 입장에서는 레토가 조강지처다.

하지만 제우스는 올림포스 규율을 공고히 하기 위해서 자신의 누이 헤라와 결혼했다. 그 이후로 레토는 불륜녀로 전락하게 되었고 레토의 자식은 억울하게 혼외 자식이라는 대우를 받아야 했다.

헤라는 레토를 매우 심하게 질투했다. 레토가 제우스의 자식을 임신하여 만삭이 되었는데도 헤라가 그리스 본토에서 아이를 낳을 수 없게 명령을 내렸다. 그래서 레토는 육지에서는 출산할 수가 없었다. 황당하기 그지없는 이 상황을 목격한 제우스는 섬[1] 하나를 만들어 레토가 그곳에서 출산할 수 있도록 숨어서 지원했다. 하지만 헤라가 어떤 여신인가. 그녀의 분노가 하늘에 닿았으며 식을 줄 몰랐다. 어찌됐든 레토 또한 신神의 신분이니 헤라의 손으로 목숨까지는 빼앗을 수 없다 하더라도 만삭의 여성에게 가장 큰 고통인 난산의 저주를 내릴 수는 있었다. 가정을 파괴하는 행동을 헤라로서는 용서할 수 없는 일이었다. 그래서 헤라는 레토에게 산모로서 가장 고통스럽고 가혹한 형벌을 내렸다.

이에 레토도 묘안을 낸다. 먼저 여성인 아르테미스를 낳고 나서 그녀가 자신의 동생을 받아낼 수 있을 만큼 자라면 그때 아르테미스에게 산파역을 맡기면 될 것이라는 판단에서 아르테미스를 누이로, 아폴론을 동생으로, 출산의 순서를 정해 놓았다. 레토는 비록 헤라의 저주에서 벗어나지 못해도 신의 신분이니 이 정도쯤은 능히 해낼 수 있었다. 헤라의 저주는 동족일지라도 일고의 용서조차 염두에 두지 않거늘 인간을 향한 저주와 고통은 오죽 쉬웠을

---

[1]   에게해에 남서쪽에 있는 델로스(Delos)섬이 그곳이다. 지금도 그곳에는 아르테미스와 아폴론이 태어난 연못이 있고 그들을 기리는 신전도 있다.

까? 인간의 목숨을 빼앗는 일쯤은 그녀에게는 식은 죽 먹기였을 것이다. 마치 가축을 도살하는 인간의 심리와 다르지 않았을까.

헤라클레스, 12가지 과업을 수행하다

제우스는 신과 인간의 경계를 넘나들며 자신의 눈에 들어온 미모의 여성은 모두 탐닉하려 했다. 헤라클레스를 낳은 알크메네Alcmene도 마찬가지였다. 알크메네는 미케네의 왕자 암피트리온Amphitryon과 이미 결혼한 유부녀였다. 제우스는 끊임없이 그녀를 향해 구애했지만, 그녀의 마음에는 온통 남편으로 채워져 있기에 제우스는 그녀의 마음을 열 수 있는 방법을 찾지 못했다.

하루는 암피트리온이 테베의 왕 크레온Creon과 함께 원정을 떠나게 되었다. 그 사이에 제우스는 암피트리온으로 변장하고 알크메네에게 나타났다. 그녀는 생각보다 일찍 돌아온 남편을 보고 의아했지만 무사한 모습으로 돌아왔으니 기쁜 마음에 그의 품으로 달려가 안겼다. 그렇게 해서 탄생한 인물이 바로 헤라클레스다. 제우스의 바람기로 탄생한 자식이니 역시 헤라의 저주에서 벗어날 수 없었다.

헤라는 여사제를 통해 헤라클레스로 하여금 '12가지 과업'을 달성하도록 지시했다. 이 12가지 과업은 그리스신화 전면에서 가장 유명한 영웅담에 속한다.

"네가 저지른 일에 대해 용서를 구하고자 한다면 미케네로 가서 네 사촌 에우리스테우스Eurysteus의 부하가 되어 12년 동안 그의 명령에 복종하라!"고 지시했다. 그때부터 시작된 헤라클레스의 모험담은 그 유명한 '12가지 과업'이란 이름으로 우리에게 알려졌다.

헤라는 그를 어떤 식으로든 괴롭히고 고통을 주고자 했다. 그러나 그가 과업을 달성하는 가운데 이상한 일이 벌어졌다. 헤라의 마음이 점점 변하기 시작한 것이다. 제우스의 바람기로 인해 탄생한 죄로 헤라로부터 끊임없이 고통을 감내해야만 했던 그가 어느

헤라클레스가 키타이론 산을 오를 때 만난 쾌락과 미덕을 관장하는 두 요정. 헤라클레스는 "비록 고난을 겪더라도 미덕을 택하겠다"고 답했다. _ 안니발레 카라치(Annibale Carracci)

순간부터 헤라의 도움을 받기 시작했다. 그 이유는 바로 에우리스테우스가 너무 어리석었기 때문이다. 헤라는 저주와 괴롭힘에도 불구하고 용맹과 지혜로 주어진 지시 사항을 과묵하게 수행해가는 헤라클레스의 진가를 확인한 반면, 자신의 왕좌를 지키기 급급한 나머지 헤라클레스에게 위기의식을 느끼고 점점 더 교활한 모습으로 변해가는 에우리스테우스에게 염증을 느끼기 시작했기 때문이다. 심지어 자신의 심기를 건드리는 과업[2]까지 지시한 에우리스테우스에게 큰 실망을 느꼈다. 헤라는 결국 헤라클레스가 '12가지 과업'을 모두 완수했을 때 그를 용서했다. 헤라클레스는 그녀가 내린 저주에서 풀려나 드디어 자유를 찾았다.

문제의 중심에 직접 뛰어들어라

업무를 수행하는 과정에서 이 신화가 우리에게 시사하는 점이 무엇인지를 깊이 헤아려 볼 필요가 있다. 그것은 바로 '헤라클레스라는 인물과 에우리스테우스라는 인물 각자가 풍기는 인성으로 인해 향후 그들 사이에 어떤 격차가 생겼는가? 또한 그들에게 있었던 성공과 실패는 어디에 근거하고 있는가?'라는 것이다. 에우리스테우스의 배후에는 막강한 권력을 지닌 헤라가 있었다. 그

---

2   황금사과 나무를 관장하는 신은 헤라다. 그런데 자신을 비호하는 신의 영역으로 헤라클레스를 보내어 황금사과를 훔치게 한 것은 헤라의 심기를 건드리는 짓이었다.

그가 달성한 과업들은 ▲활과 창으로는 꿰뚫을 수 없는 가죽으로 덮인 사자를 어두운 굴로 유인해 목 졸라 죽인 것 ▲머리가 아홉 개 달린 괴물 히드라를 무찌른 것 ▲청동 발굽을 한 아르테미스의 사슴을 생포한 것 ▲에리만토스 산에 사는 무시무시한 멧돼지를 생포한 것 ▲소 3,000마리가 사는 외양간에 30년 동안 치우지 않은 배설물과 오물을 단 하룻밤 사이에 강의 물길을 바꾸어 말끔히 청소한 것 ▲아테나의 도움을 받아 스팀펠리데스에 사는 괴조 무리를 청동 징을 이용해 처치한 것 ▲크레타 섬을 공포로 몰아넣은 미친 황소를 제압한 것 ▲디오메데스가 기르는 식인 야생마를 온순하게 만든 것 ▲활을 잘 쏘기 위해 왼쪽 가슴을 제거할 정도로 호전적인 아마조네스 여전사 부족의 여왕이 찬 황금허리띠를 구한 것 ▲아폴론의 도움을 받아 에리테이아 섬에 사는 머리가 셋 달린 게리온과 거인 목동 에우리티온, 그리고 머리가 둘 달린 개를 물리치고 이들이 지키고 있었던 붉은 소 떼를 차지한 것 ▲카프카스[3] 산에 묶여 있는 프로메테우스의 도움을 받아 하늘을 떠받치고 있는 아틀라스를 우롱해 황금사과 3개를 구한 것 ▲헤르메스와 아테나의 도움을 받아 지옥으로 내려가서 머리가 셋 달린 개 케르베로스를 생포한 것까지 총 12개의 과업을 완성하며 그의 영웅적 모험 이야

---

3   '코카서스(caucasus)'로도 불리는 산맥으로 서쪽으로는 흑해와 동쪽으로는 카스피해를 잇고 있다.

기는 우리에게 그리스신화에서 가장 큰 흥미와 재미를 준다.

　여기서 주목할 점은, 헤라클레스에게 주어진 '12가지 과업'의 대부분은 헤라의 질투와 복수심에 의해 지시된 것이기는 하나 그는 자신을 증오하는 헤라를 미워하지 않았고 오히려 자신에게 주어진 불행을 운명으로 여기며 인간 본연의 미덕이 무엇인지 찾으려고 부단히 노력했다는데 있다.

헤라의 마음을 돌린 헤라클레스

　헤라클레스가 혈기 왕성하고 자신의 힘을 과시하고 싶어할 질풍노도의 시기에 절제된 판단과 결심으로 요정을 놀라게 한 일화는 유명하다.

　헤라클레스가 키타이론산에 올랐을 때 '쾌락'을 관장하는 요정과 '미덕'을 관장하는 요정이 나타나서 "인생의 목적을 찾기 위해서 우리 둘 가운데 누구를 선택하겠나?"라고 묻자, 그는 "비록 내가 고난을 겪더라도 미덕을 택하겠다"라며 단호하게 대답했다.

　뜻밖의 대답에 놀라 분노한 헤라는 지속적으로 그를 괴롭혔다. 사자 떼를 보내 그를 공격하게 만들고, 심지어 광기의 여신 리사로 하여금 그를 순간적으로 미치게 해 아내와 자식 모두 죽이는 일도 꾸몄다. 헤라클레스가 자신의 가족을 죽인 괴로움으로 인해서 델포이 신전을 찾아가 용서를 구할 때도 헤라는 신녀의 입을 통해 권력의 크기는 제우스를 견줄 만큼 막강했다. 그런 막강한 배경을 가진 그가 어찌하여 점점 헤라의 관심에서 멀어지게 되었는가? 반대로 헤라클레스는 처음부터 그녀의 증오 대상이었다가 어찌하여 그녀로부터 점점 환심을 사게 되고 나중에는 헤라의 가장 소중한 딸 헤베Hebe와의 결혼까지 허락했는가?

그것은 바로 '그들이 생각하고 판단하는 기준점을 어디에 두었는가?'하는 의식과 결부된다. 조직 생활을 하다 보면 누군가로부터 지시를 받고 업무를 수행하는 일이 많을 수밖에 없다. 특히 직책이 낮은 사원일수록 지시받고 수행해야 하는 업무가 대부분이다. 생산 현장의 작업자는 반장이나 조장으로부터 지시를 받게 될 것이고, 팀원은 팀장의 지시를 받고 업무를 수행하게 된다.

물론 팀장 역시 그 위로 부서장이든지 본부장이든지 상사가 또한 있을 것이다. 누가 되었든지 그의 상사로부터 호감을 느끼게 하는 것은 시간이 지남에 따라서 지시를 따르는 수행자의 태도와 인간적인 성격, 그리고 그가 달성한 실적 등과 결부된다. 즉 '에우리스테우스처럼 문제보다는 지시만을 바라보며 따를 것인가?' 아니면 '헤라클레스처럼 문제의 중심으로 들어가서 답을 찾고 직접 해결하고자 하는 마음을 갖고 있는가?'하는 태도의 차이에서 상사가 바라보는 관점은 분명히 엇갈릴 수 있다.

지시하는 상사의 입장에서는 자신의 지시를 고분고분 따르는 사람에게 처음에는 호감을 느낄지 모른다. 그것은 누구나 인지상정을 우선시하기 때문이다. 그러나 고분고분하기만 하고 시키는 일만 또박또박 잘한다고 해서 상사로부터 끊임없는 신임을 얻을 수 있을지는 지켜볼 일이다.

어쩌면 이런 직원이 언젠가는 상사에게 싫증 난 직원으로 낙인찍힐 수 있지 않을까. 그것이 어느 시점이 될지는 모르겠지만 이 신화에서는 에우리스테우스가 헤라의 눈밖에 벗어난 시점을 그녀의 역린逆鱗을 건드린 시점부터라고 이야기한다. 결국 외줄이 끊어진 곡예사처럼 서로가 단절되는 순간은, 헤라클레스가 아니라 에우리스테우스와 같은 부류의 사람에게서 발생되기 쉽다. 상사라면 누구나 당면한 문제가 무엇인지 헤아릴 줄 알고 문제를 해결할 수 있는 최선의 방법을 찾아 경영자가 의사결정을 내릴 때 그 부담을 덜어주는 직원에 대해서 큰 호감을 느낀다.

이는 헤라가 종국에는 헤라클레스에게 보였던 호의와 일맥상통한다. 헤라클레스와 같은 의식을 소유한 직원의 특징은 직언을 잘하고, 할 말을 돌리지 않으며 문제의 본질을 잘 간파한다는 것이다. 상사의 입장에서는 처음에는 예의 없고 까칠한 태도에 거북하다고 느낄 수 있지만, 그가 문제를 잘 해결해 나가는 모습에서 자신의 불쾌했던 감정을 거둬들이게 된다. 만약 이런 소양도 갖추질 못한 상사는 자격 미달이지 않을까.

펠레우스와 테티스의 결혼, 그리고 황금사과 _ 요르단스(Jacob Jordaens)

파리스는 눈앞에 드러난 시각적 아름다움에 현혹되어
결국 그리스 연합군에게 패하고 자신의 왕국을 내주고 만다.
그가 좀 더 심사숙고하고 신중한 태도를 취했더라면 왕국은 물론
헬레네 못지않은 아름다운 여인을 얼마든지 차지할 수 있었을 것이다.
순간의 '어리석은 판단'이 가져오게 된 실수가
자신의 운명을 어떻게 결정하고 말았는지 이 신화를 통해 알아보자.

본질을 꿰뚫는 눈, 답은 현장에 있다

2

프티아Phthia의 왕 펠레우스Peleus와 바다의 여신 테티스Thetis가 결혼하게 되었다. 이들은 자신의 결혼식에 올림포스의 신들을 모두 초대하기로 했다. 그런데 이 기쁜 날에 유독 한 신만은 초대하고 싶지 않았다. 그래서 그 신에게만은 초대장을 보내지 않았다. 그 신은 바로 분쟁과 불화의 여신 에리스Eris다. 펠레우스는 여신과 결혼하게 되는 좋은 날에 에리스의 충고를 듣고 싶지 않았다. 이 사실을 뒤늦게 알게 된 에리스는 결혼식장에 불청객으로 찾아가 자신이 따돌림을 당한 것에 격분하며 황금사과 하나를 던져 놓고 자리를 떴다. 그 황금사과에는 '가장 아름다운 여신께'라는 문구가 적혀 있었다. 결혼식장은 돌연 웅성거리기 시작했다. 이윽고 황금사과 주변으로 수많은 여신이 모여들었다. 황금사과에 적힌 글귀를 본 여신들은 자신이 가장 아름다운 이유가 무엇인지 주변의 사람들에게 설명하며 황금사과를 차지하려고 했다. 그러나 올림포스의 12신에 속하는 세 여신이 다가오자 서로 다투던 여신들이 기세가 꺾여 그 자리를 뜨고 만다. 세 여신은 바로 헤라Hera, 아프로디테Aphrodite, 아테나Athena였다. 결국 황금사과 주변으로 이 세 여신만 남게 되었고 잔치에 참석한 많은 사람을 향해 자신이 가장 아름다운 여신임을 연설하며 설득하기 시작했다. 그러나 누가 진정 아름다운 여신인지 결론이 나지 않았다.

그런 가운데에서도 그녀들의 공방은 지속되었다. 이 상황을 누군가 판결을 내주지 않으면 혼란은 끝날 것 같지 않았다. 결국 세 여신은 올림포스산으로 가서 제우스Zeus를 비롯한 주변의 남신에게 누가 가장 아름다운지 판결해 달라고 요청했다. 찾아온 세 여신의 분위기가 심상치 않다고 느낀 남신들은 잔뜩 겁을 먹고 이런저런 핑계를 대며 말을 돌리기만 했다. 그러던 중 제우스가 순간 묘안이라도 떠오른 낯빛을 하고는 이렇게 말했다. "이다Ida산에 가면 양치기 파리스가 있을 테니 그에게 물어보라."

재앙의 씨앗이 된 선택

양치기 파리스는 원래 트로이 왕국의 왕자였다. 왕자인 그가 양치기 행색을 하고 있는 이유가 있다. 파리스는 트로이의 왕 프리아모스Priamos와 왕비 헤카베Hekabe 사이에서 태어났다. 헤카베가 파리스를 임신했을 때 활활 타오른 횃불이 트로이 전체로 번져 온

나라가 불바다가 되는 꿈을 꾼다. 자신의 꿈이 불길의 전조前兆라고 여긴 왕비는 아들을 출산하자마자 내다버리라고 명령한다. 이렇게 버려진 아이를 지나던 어느 양치기가 발견하고 측은지심이 생겨 자기 집으로 데려와 키운다. 그가 태생적으로 지체 높은 신분이었음에도 초라한 행색으로 양치기가 되어야 했던 이유가 헤카베의 불길한 예지몽 때문이었다.

세월이 지나 파리스는 어느덧 청년으로 자랐다. 어느 날 트로이에서 제전이 열린다는 소문을 듣고 파리스는 이 제전에 참가하기로 한다. 그는 권투 종목을 무척 좋아했다. 파리스는 이미 예정된 신화적 영웅이었기에 그 기백이 하늘을 찌를듯했고 권투 종목에서 모든 도전자들을 자기 무릎 아래에 꿇렸다. 그중에는 프리아모스의 다른 아들들도 포함되어 있었다. 이 경기를 유심히 지켜보고 있던 프리아모스가 승리자인 파리스에게 다가가 이런저런 질문을 하던 중에 파리스의 신분이 양치기가 아니라 자신이 버린 아들임을 알게 된다. 아들을 찾은 프리아모스는 그에게 왕자의 자리를 곧바로 되찾아 주었다. 이 석연치 않은 복선은 무엇일까. 어디서 본 듯한 불길한 이 장면, 바로 오이디푸스Oedipus의 저주에서 경험한 그 장면이다. 오이디푸스가 자신에게 내려진 저주로부터 벗어나기 위해서 자신의 왕국과 가족을 버리고 다시는 고향으로 돌아오지 않겠다고 맹세하면서 떠났지만 결국 운명에 이끌려 자신

트로이 성내로 들어가는 트로이의 목마 _ 조반니 도메니코 티에폴로(Giovanni Domenico Tiepolo)

의 왕궁에 입성하게 되었고 그때부터 그에게 내려진 천명을 기다
려야 했다. 오이디푸스의 기구한 운명이 이렇게 시작되었듯이 파
리스 또한 트로이 왕국으로 들어가면서 불행이 시작된 것이다. 그
리스신화에서는 이런 평행 이론으로 설명되는 운명을 소재로 한
이야기가 종종 등장한다. 신화에서 다루게 되는 운명의 구성은 일
반적으로 두괄식의 형태를 띤다. 뻔한 운명과 이야기의 결론을 몇
줄 읽다보면 다 알아차리게 만들듯이, 이를테면 오이디푸스 자신
이 그렇게 피하려고 노력했던 그 운명 속으로 자신이 빠져버린 것
과 같이, 또한 파리스 역시 트로이에게 내려질 불길한 운명을 원
천 차단하기 위해서 버림받게 되지만 결국 오이디푸스와 파리스

의 불행이 그때부터 시작되었듯이 권선징악의 결과로 설명되지 않는 이 구도들은 그리스 비극의 가장 비중 있게 다루어지는 요소로 작용하고 있다.

제우스의 제안대로 세 여신은 양치기 파리스를 찾아갔다. 그녀들은 다짜고짜 파리스를 향해 "누구에게 이 황금사과를 주겠느냐?"하며 질문을 던진다. 파리스는 당황해하며 말을 잇지 못했다. 이래서는 안 되겠다 싶었는지 세 여신은 파리스의 판결이 자신에게 유리한 방향으로 이어지도록 하기 위해서 앞다투어 그를 앞에 두고 공약을 내놓기 시작했다.

가정과 결혼의 여신 헤라가 먼저 공약한다. "나는 네게 권력과 부富를 주겠노라!"

이를 지켜보고 있던 지혜의 여신 아테나도 이에 뒤질세라 이렇게 말한다. "나는 너에게 지혜와 군대를 주겠노라!" 이때 미의 여신 아프로디테는 당황해하는 파리스의 눈동자를 가만히 들여다보았다. 그의 몸으로 젊은 피가 넘쳐흐르고 있음을 느꼈고 눈동자에서는 타오르는 정욕으로 들끓고 있음을 발견했다. 그녀는 파리스에게 다가가 달콤한 목소리로 "나는 네게 살아 있는 인간 중에 가장 아름다운 여인을 주겠노라!"라고 말했다.

세 여신의 제안을 곰곰이 생각한 파리스는 "이 황금사과의 주인은 아프로디테입니다. 아프로디테는 세상에서 가장 아름다운 여신입니다"라고 말하고는 황금사과를 아프로디테에게 건네준다. 아프로디테는 에게해 서남쪽 끝 펠로폰네소스 땅 스파르타의 여인 헬레네Helene를 그에게 준다. 그러나 헬레네는 스파르타의 왕 메넬라오스Menelaus와 이미 결혼한 유부녀였다. 처녀가 아닌 유부녀를 아프로디테는 파리스에게 선물한 것이다. 아프로디테는 사회적 규약으로 얽힌 인간관계에 대해서는 관심이 없었다. 그저 가장 아름다운 여성이 누구냐가 중요했을 뿐이다. 이렇게 유부녀를 차지하게 된 파리스, 이로 비롯된 사건이 바로 그 유명한 트로이 전쟁이다.

아프로디테, 미숙한 청년의 눈을 보다

트로이 왕자 파리스가 헬레네를 훔쳤다는 것을 알게 된 메넬라오스는 분개함을 참지 못했다. 그는 형 아가멤논Agamemnon과 오디세우스Odysseus, 아킬레우스Achilles 등과 힘을 합쳐 트로이를 침공하기로 마음먹고 실행에 옮긴다.

이 신화에서 여신에게 아름다움은 최고의 자존심이고 명예라고 할 수 있다. 불화의 신 에리스는 그 점을 노리고 누군가 그녀들의 역린을 건드려 그의 고유의 실행 목적인 불화를 조장하려고 했다. 황금사과 그것이 그녀들의 역린이었다. 여신들 스스로가 제아무리 아름다움을 뽐내고 호소한들 결국 자신이 아닌 타인이 바라보는 눈으로 그 아름다움이 인정되어야 비로소 아름다운 여신으로 평가받을 수 있다.

인간은 누구나 아름다움을 선망한다. 그러나 사람마다 선망하는 아름다움은 각각 다르고 다양하다. 그 이유는 인간의 마음속에는 각각 고유의 감정 통로가 있는데, 통로가 닫힌 곳으로 아름다움을 실은 사물이 흘러들어오더라도 엑스터시가 발현되지 않아 그 사물에 대한 아름다움을 감지할 수 없기 때문이다. 그러나 감정의 문이 열려 있는 곳으로 아름다움을 실은 사물이 흘러들어오면 그 아름다움으로 인해서 자신의 감정을 무아지경으로 이끄는 엑스터시가 발현하여 도취하게 한다. 이것이 사람들이 저마다 아름다움을 인식하게 하는 과정이다.

어떤 사람에게는 들꽃이 아름다운 모습으로 보이지만 또 어떤 사람에게는 그저 하나의 식물로 보일 뿐이다. 또 어떤 사람은 시골이 아름답게 느껴지지만 어떤 사람은 분뇨 냄새와 벌레들, 역겨움, 불결함 등으로 인식되기도 한다. 그렇다면 파리스가 결정한 아름다움이란 어떤 것이었을까? 세 여신 중에서 앞서 두 여신은 인간의 이성을 통해 희구하는 아름다움을 선물로 주겠다고 공세했다. 그러나 아프로디테는 그가 어떤 것에 대해 아름다움으로 느낄지 그를 관찰하면서 찾아냈다.

파리스가 느끼는 아름다움이 이성을 통해 얻어지는 권력이나

부 또는 지혜, 용기 등에 있지 않다는 사실을 그녀는 간파했다. 젊은 피의 특징이 이성보다 감성에 예민하다는 사실에 주목하고 파리스 눈으로 입사된 사물의 단순한 아름다움 그 이상의 것에 있지 않으며 그에게 있어서 아름다움의 감정은 오직 젊은 피가 끓어 넘쳐흐르는 그의 관능의 범주에 묶여 있을 거라고 생각했다. 즉 보이는 미美 수준에 머물러 있을 것이라고 판단한 것이다. 그녀는 파리스가 무엇을 원하고 요구하는지 눈을 통해 예의주시하며 설득했고 그의 마음을 사로잡을 수 있었다.

파리스의 선택은 다분히 자신의 감성적인 곳을 공략한 아프로디테 여신의 제안에 관심을 기울이게 되었다. 오감을 통해 들어오는 사물을 오감의 수단으로 사물의 본질을 판단하고 받아들이고자 했던 미숙한 젊은 청년이라는 사실을 두 여신은 간과했고 아프로디테는 이를 유심히 관찰했던 것이다.

'문제의 본질'을 찾아라

축구 경기를 할 때 선수가 공만 따라다니면 진다는 말이 있다. 경기에서 지지 않으려면 공을 따라다닐 게 아니라 상대 선수의 움직임을 파악하여 공격에 대비하고 상대 선수의 움직임 속에서 발견한 허를 찔러 신속하게 공격하는 것이 중요하다. 마찬가지로 현장에서 어떤 문제가 발생했을 때 눈에 당장 보이는 현상을 자신의 감각적 판단에만 의존해 조치하는 이른바 '대증요법'으로는 문제와 싸워 이길 수 없다. 그런 처방은 궁극적인 처방이 되지 않기 때문에 또다시 그 문제가 불거질 수밖에 없다. 현장에서 어떤 문제가 생겼다면 그 문제가 왜 발생했는지 정확하게 진단하는 것이 중요하다. 그리고 그런 문제가 또다시 반복되지 않도록 하기 위해서 문제를 일으킨 본질이 어디에 있는지 찾는 것도 중요하다. 아프로디테가 파리스의 눈을 통해 그의 의중을 찾았듯이 현장의 문제에도 분명히 어떤 문제나 문제의 조짐을 파악할 수 있는 눈이 있을 터이니 그 눈을 예의주시하는 것이 중요하다.

반대로 파리스가 내린 아름다움에 대한 정의는 어떤 사물의 속성이나 원칙, 자연의 법칙 같은 원리로부터 그 아름다움을 찾은 게 아니라 오감으로 받아들인 탓에 트로이의 멸망을 초래했다. 이 두 인물은, 즉 파리스와 아프로디테 여신은 신화의 한 정점에서 만나 설득하고 설득을 당했지만 성공과 실패로 이어지는 상반된 결과의 근본 원인을 고스란히 담고 있다.

트로이는 역사다

트로이 전쟁에 대한 역사적 고증은 명확하지 않지만 독일의 고고학자 하인리히 슐리만1822~1890이 호메로스의 서사시 <일리아스>를 연구하다가 지금의 튀르키예 서부 해안지역에서 트로이 유적

트로이 대화재 _ 케르스티앙 드 키네잉크(Kerstiaen de Keuninck)

을 발견하게 됨으로써 트로이라는 국가는 실존했다는 것이 사실임이 밝혀졌다. 아쉬운 것은 트로이 목마와 트로이가 대화재로 불에 탔을 것이라는 흔적을 명확히 밝혀내지는 못했다. 하지만 그것만이라도 발견한 것이 어딘가. 반쪽의 역사와 반쪽의 허구라 할지라도 그것은 오늘날 우리에게 엄청난 문화적 가치를 부여하고 있다. 특히 트로이 전쟁으로 인하여 이주한 트로이인 아이네아스에 대한 이야기는 베르길리우스 등의 시인들에 의해 로마인의 선조라고 칭송되며 라틴문학의 자부심으로 더욱 부상하게 된 계기가되었다. 신화로만 여겨지던 것이 역사로 재해석이 되고 2500년 전

호메로스에 대한 인물 평가도 더욱 빛나게 했다. 고작 이야깃거리에서 역사로의 전환은 엄청난 신분 승격이라고 말할 수 있다. 신분의 승격은 문학적 가치를 더욱 고조시키게 되는데 그렇게 된 데는 그 역사를 객관적으로 증명할 수 있는 기록과 유산이 남아있기 때문이다.

아르고호 _ 콘스탄티노스 볼라나키스(Konstantinos Volanakis)

아버지의 빼앗긴 왕권을 찾기 위해 모험을 떠나는
이아손과 그리스 영웅들의 이야기 '아르고호 원정대'는
과연 황금양털을 찾는데 성공했을까?
모험의 주인공인 영웅들은 행복한 결말을 맺었을까?
아르고호 원정대 주요 인물들의 숨은 이야기를 파헤쳐 본다.

빛나는 모험담에 가려진 아르고호 영웅들의 비극

3

항해를 시작한 본연의 목적을 망각하고 렘노스 여인들의 치마 속에서 헤어 나오지 못한 지 벌써 1년. 헤라클레스의 호통에 정신이 번쩍 든 이아손과 아르고호 대원들은 여인들의 간곡한 만류를 뿌리치고 서둘러 아르고호에 올랐다.

며칠 후 아르고호는 키지코스Cyzicus섬에 도착했다. 이곳에서도 대원들은 주민들로부터 융숭한 대접을 받았다. 하지만 이번에는 다시 항해를 시작하기 위해 대원들이 곧바로 출발했다. 그런데 항해를 시작한 지 얼마 지나지 않아 갑자기 바다에서 먹구름이 검게 드리워지고 세상이 온통 깜깜해졌다. 설상가상으로 폭풍우까지 몰아쳐 배의 돛이 부러지고 말았다. 노를 저어서 밖에 갈 수 없는 상황에 처한 아르고호는 더 이상 속도를 내기 어려웠다. 칠흑 같은 어둠을 뚫고 가까스로 근처 섬에 정박한 아르고호 대원들. 그러나 섬의 주민들은 이들을 해적으로 착각하고 싸우러 달려들었다. 하지만 주민들은 대원들의 상대가 되지 못했다. 동이 트고 새벽이 오자 지난밤 달려들었던 주민들의 얼굴이 모래사장 위로 드러났다. 대원들이 다가가 살펴보니, 안타깝게도 그 주민들은 자신들을 융숭하게 대접했던 바로 키지코스섬의 주민들이었다.

이 사건 이후, 바다는 거센 비바람이 멈추지 않았다. 대원들 가운데 예언자였던 몹소스Mopsos는 으르렁대는 바다를 지켜보다가 갑자기 전율을 느끼며 이렇게 외쳤다. "저 폭풍우는 우리가 선량한 사람들을 죽여 키벨레Cybele 여신이 분노하는 신음이오!" 그러자 이아손은 염소를 잡아 키벨레 여신을 달랬고, 다행히 바다가 잔잔해져 아르고호는 다시 출항할 수 있었다.

아르고호를 떠난 헤라클레스

키지코스를 떠난 아르고호가 미시아Mysia 해안을 지나는 도중 헤라클레스의 노가 부러지고 만다. 노를 만들기 위해 우거진 작은 숲 인근에 잠시 정박하고 헤라클레스가 나무를 찾으러 간 사이에 청년 힐라스Hylas가 대원들이 마실 물을 담기 위해 연못으로 향했다.

힐라스가 고개를 숙이자 연못 위로 그의 아름다운 얼굴이 떠올랐다. 그러자 힐라스의 미모에 반한 샘의 요정들이 그를 잡아끌어 연못 속으로 빠뜨렸다.

아르고호 대원들은 갑자기 사라진 힐라스를 찾기 위해 섬 구석

구석을 뒤졌지만 끝내 찾지 못했다. 바다에서 부는 바람이 항해하기 적당한 풍량으로 숲을 흔들자 아르고호 대원들은 어쩔 수 없이 지금 떠나야 한다는 것을 직감하고 배에 올랐다. 그러나 헤라클레스만은 힐라스를 찾기 위해 섬에 혼자 남겠다고 했다. 이아손이 헤라클레스를 설득하려고 하자 칼라이스와 제테스 형제가 "더 지체했다가는 항해하기 어려워질 수 있으니 헤라클레스를 여기에 두고 떠나야 한다"고 말했다. 결국 아르고호는 헤라클레스를 섬에 남겨둔 채 다시 항해를 하게 된다.

이로써 이 신화의 두 주인공인 이아손과 헤라클레스 중 헤라클레스가 사라지게 된다. 렘노스섬에서 대원들이 저지른 '악의 일반성'도 바로 잡아주고, 원정대가 타고 갈 배를 1년 동안이나 지켰던 헤라클라스가 갑자기 석연치 않은 이유로 이 신화에서 허무하게 종적을 감춰버린다.

당시의 그리스 사회에서는 동성끼리 사랑하는 행위가 자연스럽게 성행했다. 고대 그리스는 성소수자에 대한 편견이 오늘날과 같지 않았다. 그들이 서로 사랑하는 데에는 제약을 받지 않았다. 그런 측면에서 비추어 볼 때 헤라클레스도 미청년 힐라스에게 동성애적 관심을 보였던 것이 아니었을까 짐작해본다.

우리가 4대 성인으로 추앙하고 있는 그리스 철학자 소크라테스Socrates가 동성애자였다는 사실을 아는 사람이 그리 많지 않을 것이다.[1] 소크라테스는 대화와 소통을 통해 진리를 탐구했던 철학자였다. 이른바 산파술이라 일컫는 그의 대화법은 상대의 의견이나 주장에서 막연하고 불확실한 개념의 허점이나 오류를 찾아 되묻는 방식을 통해 정의, 진리, 사랑, 우정 등 인간의 좋은 소양의 본질을 탐구하고 그에 도달하도록 유도하는 게 특징이다.

이런 산파술은 대화를 주도하는 사람이 전지적인 관점에서 답을 정하고 길을 제시하는 게 아니다. 오히려 자신도 그 무리와 동일한 존재이고 따라서 '나도 아는 게 없다'는 입장에서 대화를 이어가는 것이 특징이다. 그렇게 대화를 이어가는 가운데 '자연의 이치'와 '신의 절대성'에 위배되거나 또는 합치하는 요소들을 찾아 탐구하면서 점점 참값에 다가가게 하는 대화법을 소크라테스가 구사했다.

진리를 탐구하고 정의를 외치는 소크라테스가 더욱이 결혼까지 해서 아내와 자식까지 둔 동성애자라는 사실에 대해 놀란 독자도 적지 않을 것이다. 그가 자신의 그런 행동을 하나의 질병 또는 악으로 받아들였다면 정의와 진리를 설파하는 그가 과연 동성애 행위를 서슴지 않고 보란 듯이 행동했을까? 소크라테스의 가르침 중에는 심지어 동성애를 예찬하는 대목이 자주 나온다.[2]

---

1   엄밀히 말하면 크산티페와 결혼해 자식을 낳았으니 양성애자에 가깝다.

헤라클레스의 힐라스를 향한 감정은 소크라테스가 제자인 알키비아데스에 보인 동성애적 감정과 다르지 않았을 것이다. 그들이 나누는 사랑에 대해서 스스로 죄 또는 병의 한 종류로 여기지 않았을 뿐만 아니라, 그 당시 사회적 경향으로 보았을 때 동성애를 오히려 숭고한 것으로 여겼기 때문에 오늘날보다 자연스러운 분위기로 서로 사랑을 나누었다.

모험을 완수한 영웅들의 비극적 결말

아르고호는 우여곡절 끝에 목적지인 콜키스Colchis에 도착했다. 이아손은 그곳에서 그 유명한 마녀 메데이아Medea를 만나서 사랑을 하고 그녀의 도움으로 황금양털을 구하게 된다. 그러나 이아손이 그녀를 배신하자 그녀는 두 아들을 죽인다. 아들을 잃은 이아손은 깊은 절망에 빠져 각지를 배회하다 스스로 목숨을 끊는다. 이아손의 모험은 여기서 끝이 난다.

이 모험에서 남아있는 영웅이 있다. 바로 태양의 신 아폴론의 아들 오르페우스Orpheus다. 아르고호 원정을 마치고 돌아온 오르페

---

2   소크라테스와 동성애의 관련성에 대한 언급은 소크라테스의 제자 플라톤이 쓴 <향연(Symposion)>에 잘 표현되어 있다. 소크라테스는 과거 무녀(巫女) 디오티마에게서 들은 연애관을 피력한다. 육체의 미에 대한 추구에서 영혼의 미에 대한 추구로 승화되고, 마침내 미 자체의 관조(觀照)에 도달하는 것이 연애의 올바른 과정이라는 것이다. 이때 소크라테스의 신봉자 알키비아데스가 취해서 들어와, 에로스 예찬을 갑자기 소크라테스 찬미로 바꾸어 버린다.

우스는 숲의 요정 에우리디케Eurydike를 만나 사랑을 나누었다. 그리고 마침내 두 사람은 결혼을 하게 된다. 결혼하는 날 혼인의 신 히메나이오스Hymenaios가 연기만 나는 횃불을 들고 나타나서 축하객들의 눈에 눈물을 나게 했다. 불길한 징조였지만 오르페우스와 에우리디케는 조금도 개의치 않았다. 서로 아껴준다면 어떤 어려움도 문제가 되지 않는다는 신념이 있었기 때문이다.

결혼식이 끝난 뒤 신부가 친구 요정들과 숲속을 거닐고 있을 때였다. 목동 아리스타이오스Aristaeus가 에우리디케를 보고 욕정이 솟구쳐 겁탈하려고 다가갔는데, 에우리디케는 이를 피해 뒷걸음치다 그만 바위에 부딪쳐 쓰러졌다. 그때 바위 아래 있던 독사가 그녀를 물어 죽이고 말았다.

아내를 잃은 오르페우스는 한동안 비탄에 잠겨 지냈다. 그러고는 마침내 아내를 찾아 저승까지 가기로 결심한다. 오르페우스는 저승의 스틱스Styx 강가에서 아내를 잃은 슬픔을 연주하자 사공 카론이 말없이 배를 태워주었고, 저승의 개 케르베로스도 짖지 않고 꼬리를 흔들며 통과시켜주었다. 지옥에 도착한 오르페우스는 하데스Hades와 그의 아내 페르세포네Persephone 앞에서 리라를 켜며 망부가望婦歌를 연주했다. 그가 연주한 음악이 얼마나 슬펐던지 지옥에 있는 모든 영혼의 눈물로 지옥의 불이 꺼질 지경이었다. 하데스는 오르페우스의 아내에 대한 지극한 사랑에 탄복해 에우리디케를 찾아 그에게 보낸다. 대신 지상에 도착할 때까지 결코 뒤를 돌아보아서는 안 된다는 조건을 붙인다. 그렇게 해서 저승의 어둡고 험한 길을 오르페우스가 앞서고 에우리디케가 뒤에서 말없이 따라갔다. 한참을 걸어 지상에 거의 다다랐을 때, 오르페우스는 에우리디케가 잘 따라오고 있는지 불안해졌다. 지옥의 문턱을 넘어서는 순간 에우리디케의 신발이 문턱을 살짝 넘지 못한 상태에서 그만 뒤를 돌아보고 말았다. 그 순간 에우리디케는 다시 지옥으로 떨어졌다. 오르페우스는 아내를 찾으러 다시 저승으로 가려 했지만 죽은 영혼을 실어 나르는 카론은 한 번은 용인해도 두 번

황금양털을 손에 넣는 이아손 _ 장 프랑수아 드 트로이(Jean-François de Troy)

은 지옥으로의 초대를 용인하지 않았다. 오르페우스는 아내를 다시 잃은 후 비탄에 빠져 허무를 노래하기 시작했다. 이를 지켜보던 여성과 요정들이 그에게 반해 수없이 구애했지만, 오르페우스는 모두 거절하고 오직 연주에만 전념했다. 그러자 오르페우스에게 거절당한 요정들은 앙심을 품고 오르페우스를 몰래 불러내 죽인 후 시체를 찢어 리라와 함께 계곡으로 던져버렸다.

오르페우스의 이와 같은 행동을 심리학에서는 극단적인 과거 지향주의, 과거에 대한 지나친 집착이라고 지적하고 있다. 과거는 지향의 대상이 아니다. 미래의 일을 지향하는 것이고 과거란 미래를 올바르게 수립하기 위해 반영되어야 할 요소이다. 업무 현장에서 사용하는 관리도를 비롯한 여러 가지 통계적 기법은 모두 과거의 데이터를 이용하고 있지만, 그 기술들이 결코 과거를 위해 사용되지 않음과 같다.

이 신화에서 특히 주목할 부분은, 에우리디케가 다시 지옥으로 떨어질 수밖에 없었던 이유다. 에우리디케가 남편 오르페우스의 손에 이끌려 지옥을 벗어나려고 할 때 자신의 신체나 장신구, 옷자락 등 무엇이든지 자신을 대표하는 것이 그 경계선에 걸쳐 있었기 때문에 지옥문을 나설 수 없었다. 여기서 우리가 알아야 할 상징은 '만족의 경계'는 분명하다는 것이다.

통계적 분포로 설명하면 일양분포가 이에 해당된다. 이를테면 어떤 시험을 응시할 때 점수가 60점 이상을 합격, 그 이하는 불합격이라고 규정하고 있다면 60.1점을 받은 사람과 59.9점을 받은 사람은 100점 받은 사람과 0점 받은 사람과 동일하게 취급된다. 60.1점과 59.9점 사이에서 실력의 차이를 발견할 수는 없다. 하지만 이들의 결과는 극명하다.

또 하나의 예를 들어보자 지하철 운행 시간이 10분 간격이라고 하자. 8시와 8시 10분에 지하철이 출발한다면 7시 59분 59초에 도착한 사람은 8시 출발하는 지하철을 탔을 것이고 8시 1초에 도착한 사람은 8시 10분 지하철을 타야만 했을 것이다. 불과 1~2초 차이로 배차 시간을 놓치게 되면 도착 시간은 무려 10분의 차이가 발생하게 된다. 우리가 회사에 출근할 때 지각하느냐 지각하지 않느냐의 결과도 그렇게 결정된다. 고객도 바로 미세한 그 차이에 의해서 만족과 불만족이 결정되기도 한다. 특히 관여도가 큰 제품일수록 더욱 그렇다. 자동차를 구입할 때와 문구점에서 펜을 구입할 때 제품의 품질이 구매자에게 주게 되는 효과는 차이가 있을 수밖에 없다. 어느 수준 이상이면 고객은 만족하지만 '어느 수준' 이하면 고객은 불만을 품게 된다. 그렇다면 그 '어느 수준'은 어떻게 정해지는가? 그것은 일반적으로 동일한 기능이 탑재된 타 제품을 기준 삼아 비교와 우열을 통해서 수준이 정해진다. 여기에 자신이 지불한 돈을 따지면서 말이다.

고르디우스의 매듭을 자르는 알렉산더 대왕 _ 장시몽 베르텔레미(Jean-Simon Bertélemy)

우리는 일상에서 다양한 문제와 부딪히곤 한다.
때로는 해결하기 쉬운 문제도 있지만
복잡하게 꼬여 해결에 난항을 겪는 문제도 있기 마련이다.
이에 대하여 당장의 효과를 위해 임기응변으로 해결하고자 한다면
분명 뒷날 더 큰 피해를 볼 수 있다.
그런 의미에서 고르디우스의 매듭은
늘 올바른 방향성을 추구해야 한다는 사실을 상기시킨다.

과거의 교훈,
미래의 올바른 방향성을 생각하라 4

기원전 800년쯤 소아시아지금의 튀르키예 아나톨리아의 한 왕국 프리기아
Phrygia에 평범한 농부로 태어난 고르디우스Gordius는 가업을 이어 농
사를 지으며 살고 있었다. 하루는 어딘가에서 날아든 독수리 한
마리가 그의 쟁기 자루 위에 앉아서 하루 종일 떠나지 않았다.

고르디우스는 이를 기이하게 여기고 티르메소스Termessos라는 마
을을 찾아갔다. 이 마을 사람들은 모두 예언 능력을 지니고 있었
다고 한다. 고르디우스가 우물에서 물을 긷던 키벨레Cybele라는 처
녀[1]에게 자신이 겪은 이상한 사연을 들려주자 그녀는 "그 독수리
를 잡아 제우스Zeus 신전神殿에 제물로 바치시오!"라고 말했다.

당시 프리기아는 내란이 거듭되고 있어서 혼란을 겪고 있었다.
제사장이 제우스 신전을 찾아가 내란을 평정할 수 있는 해결책을

---

[1] 훗날 고르디우스는 이 처녀와 결혼하여 미다스(Midas)를 낳았다.

묻자 신녀는 "이륜마차를 타고 오는 첫 번째 사람이 나라를 구하고 왕이 될 것이다"라는 신탁神託을 내리게 된다. 당시 프리기아에는 이륜마차가 드물어 의아하게 생각하던 중 고르디우스가 이륜마차를 타고 그곳에 나타나자 곧바로 왕으로 추대되었다. 왕이 된 고르디우스는 프리기아의 수도가 된 고르디움Gordium을 건설했다.

매듭을 잘라 버리다

신탁을 통해 왕이 된 고르디우스는 자신을 왕으로 지목한 제우스를 위해 신전에 그의 마차를 바쳤다. 그리고 아무도 그 마차를 사용할 수 없게 하려고 몇 가닥의 밧줄을 가져와 그 밧줄 끝을 덮어 가리는 복잡한 장식 매듭과 함께 마차의 가로대와 나무로 된 차축을 함께 묶었다. 그런데 신전의 여사제가 그 마차를 보자 깜짝 놀라며 이렇게 예언을 했다.

"고르디우스의 매듭을 푸는 자가 곧 아시아 전역을 통치하는 지배자가 되리라."

이 소식을 듣고 아시아의 통치자가 되기를 열망하는 사람들이 신전으로 모여들었다. 수많은 사람이 찾아와 매듭을 풀어보려고 했지만 매듭은 너무 복잡하고 단단히 묶여 있어서 어느 누구도 풀지 못했다. 그렇게 세월은 강물처럼 흘러 어느덧 500년이란 시간이 흘렀다. 기원전 334년 마케도니아의 젊은 왕 알렉산드로스

Alexandros the Great, BC 356~BC 323가 인도 원정길에 오르면서 이곳에 들르
게 되었다. 그 역시도 이 소식을 들은 터라 매듭을 풀려고 여러 번
시도를 했지만 역시 실패한다. 결국 그는 자신이 차고 있던 칼을
꺼내 단단히 묶인 매듭을 툭툭 잘라 버렸다. 고르디우스의 마차는
그렇게 그의 차지가 되었고 신탁대로 알렉산드로스는 아시아의
지배자가 되었다.

신화는 알렉산드로스가 요절하게 된 이유가 이 사건에서 비롯
된 것이라고 보고 있다. 여사제의 예언은 분명히 '매듭을 푸는 자'

라고 명시했고, 그런 과정을 통해 얻은 제국이 온전할 것이라고 가리킨 것이다. 역사가 그 신화를 후원이라도 하듯이 결국 알렉산드로스는 인도 정복을 포기하고 돌아오는 길에[2] 33세라는 젊은 나이에 정체 모를 열병에 걸려서 요절했다. 그뿐 아니라 그가 죽은 이후로 잘라낸 매듭 조각처럼 광활했던 제국은 동서남북으로 쪼개졌다.

사람들은 모두 알렉산드로스가 속임수를 썼다고 했지만, 그는 예언을 단순하게 이해했다. 신탁은 '풀다untie'라는 단어를 쓴 것이 아니라 '해결undo'이라는 단어를 사용했다고 본 것이다. 그래서 그는 매듭을 단칼에 잘라낸 것이다. 오늘날 '고르디우스의 매듭 Gordian Knot'은 아무리 애를 써도 해결하기 어려운 문제를 일컫는 용어가 되었으며 알렉산드로스 2세가 자신의 칼로 매듭을 잘라 버린 것처럼 대담하고 과감한 행동으로 복잡한 문제를 해결했다는 의미도 포함하여 쓰인다.

신념을 바탕으로 매듭 풀어야

대범한 방법을 사용하여 어떤 문제를 풀 때, 결과만을 의식하여 얽힌 이해관계의 고리를 끊고 간명한 방법을 채택한다고 해서 역

---

2   정확히 말하면 인도 북서부 울창하고 습한 늪지대에서 전투하는 것은 불리할 것이라는 참모들의 의견을 받아들이고 고국으로 되돌아오는 길에

사적 문제가 완전하게 해결되는 것은 아니다. 특히 이러한 방식의 해결이 정치적인 상황에서 많이 나타나고 있는데, 여러 나라에서 발생한 근대의 역사적 사건들을 기억해 보자.

1973년 칠레에서 민주적으로 선출된 아옌데Salvador Allende, 1908~1973 대통령이 거주하는 대통령궁을 무력으로 진압한 피노체트Augusto Pinochet Ugarte, 1915~2006 군부[3], 그리고 인도네시아의 수하르토Haji Mohammad Soeharto, 1921~2008가 1965년에 일으킨 쿠데타 등은 알렉산드로스가 칼을 휘둘러 복잡한 매듭을 단칼에 끊어 버린 양상과 유사하게 진행된 정치적 행동이라고 할 수 있다. 이 과정에서 수많은 양민이 고통을 당했다. 한때는 우리나라의 과거사에도 있었던 일이다.

그들이 이 방식을 사용한 데는 분명 국가적인 위기의식에서 비롯되었다는 공통점이 있다. 그러나 여사제의 예언대로 그는 '푸는 문제'를 '끊음'의 방식으로 해결함으로써 역사 앞에서 준엄한 심판을 면할 수 없게 되었다.

그들은 역사적 심판을 몰랐을까? 정치가들은 자신을 향한 국민의 심판을 두려워한다. 그럼에도 불구하고 그들이 무력을 동원해 결행한 이유는 자신 앞에 놓인 문제를 보다 간명하게 처리할 수

---

3   당시 아옌데가 사회주의자였기에 아메리카에 공산주의 국가가 존재한다는 것을 용납하지 않았던 미국이 피노체트를 지원했다는 설이 있다.

있다는 이점과 자신의 지시를 일방적으로 따르게 함으로써 획일적인 행동을 종용할 수 있다는 장점만을 고려했기 때문이다. 여기에 권력에 대한 욕심이 가세하면서.

그렇지만 국민이 정치에 대하여 어느 정도 의식 수준을 가지고 있는가에 따라 역사적 평가도 달라진다. 우리나라와 칠레, 우간다는 과거 군이 권력을 갖게 되었다는 시작점은 동일하다. 그러나 국민의 자유가 억압을 당했어도 나라가 경제 부흥을 이루었다는 반대급부의 효과를 창출한 나라들에 대해서는 지도자의 역사적 평가가 지금까지도 엇갈리고 있다.

국민의 자유는 억압당했으면서 경제 성장을 지향하지 못한 우간다나 짐바브웨[4]와 같은 아프리카 국가들과는 분명 비교되는 부분이다. 그것은 국민이 정의正義라는 명제를 직시하고 이에 대응하는 의식 수준의 차이에 있다고 말할 수 있다. 이러한 의식 수준은 문화적·경제적·사회적 정의를 판단할 수 있는 지적 능력과 연결되어 있다. 그러나 어떤 문제든지 단칼에 끊어 버리는 것은 끊어진 매듭을 원상 복귀시킬 수 없듯이 부작용은 분명히 존재한다.

이에 반해 매듭을 '푸는 문제'의 방식으로 접근했던 위인도 있

---

4   아프리카 우간다의 이디 아민(Idi Amin, 1923~2003, 재임 1971~1979)과 짐바브웨 로버트 무가베(Robert Gabriel Mugabe, 1924~2019, 재임 1980~2017)는 군대를 동원하여 무력으로 자국민을 학살하고 나라를 도탄에 빠뜨린 독재자라는 공통점이 있다.

콜럼버스의 상륙 _ 존 밴덜린(John Vanderlyn)

다. 콜럼버스Christopher Columbus, 1450~1506는 1492년 이베리아반도에서
이슬람 민족인 무어인을 영원히 몰아낸 이사벨 여왕Isabel I, 1451~1504
의 고조된 기분에 편승해 세 척의 함선[5]과 식량, 선원 등의 지원을
받아 대서양을 건너는 대장정의 바닷길을 열었다. 그는 고대 그리
스의 한 학자[6]가 알렉산드리아에서의 실험으로 밝혀낸 '둥근 지
구'에 대하여 강한 신념을 가지고 있었다. 콜럼버스의 확고한 둥

---

5 산타마리아호, 핀타호, 니나호 세 척의 배로 대서양 첫 항해를 시작했다.
6 아리스타르코스(Aristarchus of Samos, BC 310~BC 230)는 고대 이집트의 알렉산드로스 도
   서관에서 일했던 그리스의 천문학자로 인류 최초로 지동설을 주장했다.

근 지구의 믿음은 사제 코페르니쿠스Nicolaus Copernicus, 1473~1543가 지동설을 밝힌 <천구天球의 회전에 관하여>보다 무려 40여 년 앞서 생각했다. 그런 까닭에 인도를 찾아가는 길이 종래의 육로가 아니라 반대 방향의 바닷길로 항해해도 만날 수 있게 될 것이라고 믿었다. 물론 그가 '둥근 지구'의 규모를 잘못 계산해서 지팡구지금의 일본의 위치를 확 끌어당겼고 카리브해역의 섬에다 '서인도제도'라는 우스꽝스러운 이름이 붙기는 했지만 이러한 우연은 또 하나의 지리학적 기점을 만드는 계기가 되었다. 그는 지구가 둥글다는 사실을 이미 1000년 전 알렉산드리아 도서관장 에라토스테네스가 알렉산드리아와 그로부터 800km 밖의 시에네 지점에 수직으로 세운 막대기의 그림자 각도가 다르다는 것에서 알았고 그 각도를 이용하여 지구의 둘레와 지름을 계산했다. 콜럼버스는 이 증명 과정을 알고 있었으며 그 지식은 강한 신념으로 자리매김하고 있었다. 그에게 각인된 과학적 신념은 그 누구를 설득하더라도 자신이 있었다. 심지어 스페인의 군주 이사벨 여왕 앞에서 지원을 요청할 때도 자신의 주장이 인과因果의 양단에서 발생할 수 있는 의문의 여지도 최소화할 수 있었던 데는 콜럼버스의 신념이 종교적 교리를 앞세우지 않고 과학적 근거를 가지고 설득했기 때문이다.

콜럼버스가 연 바닷길은 오늘날 한편에서는 침탈자로, 다른 한편에서는 동서 교역의 길을 열게 한 위인으로 평가가 갈리고 있지만, 이 역사적 사건이 가져온 파장은 어마어마했다.

고르디우스의 매듭이 전하는 교훈은 결국 '순리'다. 순리는 질서를, 그리고 미래에 대한 올바른 방향성을 내포하고 있다. 단칼에 끊어 버리는 일은 어느 한 시점에서의 결과가 유익하게 작용할지 몰라도 궁극적으로는 실패한다. 살다 보면 어떤 문제에 부딪히는 경우가 있다. 이럴 때일수록 시간을 가지고 순리적으로 해결하는 것이 필요하다. 문제를 가시적으로 나타난 것만 드러낸다고 해서 해결되는 것은 아니다. 당장의 효과만을 바라보는 임기응변적 조치는 오히려 문제를 더 복잡하게 만들 수 있다. 과학적인 사고능력을 항상 키우는 것이 바람직하다.

미국의 기상학자 에드워드 로렌츠는 "베이징의 나비 날갯짓 한 번이 텍사스에 거대한 토네이도를 일으킬 수 있다"라고 말했다. 이처럼 시작점에서 발생한 작은 실수가 다른 요인들과 충돌하고 보합해 커다란 암적 덩어리로 갑자기 덮쳐 올 수 있다는 사실을 상기해야 한다.

'먼저 생각하는 자'라는 뜻을 가진 '프로메테우스'와 반대로 '나중에 생각하는 자'라는 뜻을 가진 '에피메테우스'는 우리 안에 내재된 두 본성이라고 할 수 있다. 우리가 살면서 두 형제 중에 어떤 신을 선택하느냐에 따라 미래의 결과는 분명히 달라질 수 있다.

신화로 즐기는 품질 여행

Chapter 4

본질과 본성

피그말리온과 조각상 갈라테이아 _ 장 레옹 제롬(Jean-Léon Gérôme)

창조는 또 다른 자신을 만드는 과정이다.
피그말리온은 자신의 사랑을 자신의 손으로 만들고
여기에 생명을 불어넣으니 세상에서 가장 아름다운 여인이 되었다.
간절히 바라면 이루어진다는 '피그말리온 효과'는
단지 심리적 효과, 우연의 산물이 아니다.
사랑과 관심, 지극정성의 노력은 분명 현실 세계를 바꾸는 힘이 있다.

지성(至誠)이
생명을 만들다

1

　지중해 동쪽 키프로스Cyprus섬에 피그말리온Pygmalion이라는 조각가가 살고 있었다. 이 섬은 동쪽으로는 시리아, 북쪽으로는 페르시아, 서쪽으로는 크레타와 그리스, 남쪽으로는 이집트와 카르타고가 자리하고 있어서 일찍이 해상무역의 경유지 역할을 했다.

　수많은 상인과 나그네들이 이 섬을 지나면서 키프로스 여인들을 유혹했지만 도도한 그녀들은 눈길 한 번 주지 않았다. 이에 분개한 나그네들은 아프로디테Aphrodite에게 그녀들에게 저주를 내려줄 것을 간청했다. 아프로디테가 이 청원을 받아들여 키프로스 여인들은 그 이후에 나그네들에게 몸을 파는 신세로 전락하게 되었다.

　피그말리온은 그런 저주에 휩싸여서 태어날 때부터 한 남자에게 헌신하고 정조를 지키는 여인이 한 사람도 없다는 사실에 실망하고, 여자의 결점을 너무 많이 알게 된 나머지 여성을 혐오했다.

결국 주위의 권유에도 불구하고 끝내 결혼하지 않고 평생 혼자 살아갈 결심을 한다.

불가능한 사랑이 이루어지다

어느 날 그는 상아로 아름다운 여인을 조각했다. 그는 이 조각상에 갈라테이아Galateia라는 이름을 붙이고 마치 진짜 연인처럼 곁에 두고 매일 바라보았다. 예쁜 옷도 갈아입히고 정성을 다해 보석으로 장식도 하면서 한없는 애정을 쏟았다. 덕분에 조각상은 시간이 지날수록 살아 있는 여인처럼 변했고 진심으로 사랑하게 된다. 뮤

피그말리온과 조각상 갈라테이아 _ 프랑수아 부셰(François Boucher)

로스 지방의 염료로 물들인 천으로 침대를 감싸고 부드러운 깃털을 넣은 베개에 조각상을 눕혀 마치 자신의 아내인양 다정하게 대했다. 자신이 조각한 작품이지만 지상의 어느 여자도 감히 비교될 수 없는 아름다움과 생동감이 넘칠 정도로 완벽한 모습에 그의 애타는 가슴은 나날이 깊어져 갔다.

그러던 중 키프로스섬에서 아프로디테를 기리는 축제의 날을 맞이하게 되었다. 이 축제에 참가한 피그말리온은 가지고 온 제물을 바치며 집에 있는 조각상이 진짜 여자가 되게 해달라는 소원을 빌었다. 이때, 자신의 제전에 사람의 모습으로 변장하고 참석해 있던 아프로디테가 피그말리온의 소원을 듣게 되었고, 그의 소원을 들어주겠다는 표시로 제단의 불길을 세 번 위로 솟아오르게 했다. 소원을 빌고 집에 돌아온 피그말리온은 침대에 있는 사랑스러운 조각상에 평소처럼 입을 맞추었는데 이상하게도 조각상의 입술에서 따스한 기운이 자신의 입술로 전해졌다. 피그말리온은 깜짝 놀라 이번에는 조각상의 손을 만져 보았다. 그 순간 조각상이 그의 손을 확 잡았다. 아프로디테가 보낸 에로스가 조각상의 손에 입을 맞추니 조각상은 아름다운 여인으로 변한 것이다. 이때 갈라테이아의 손에 반지가 하나 생겨났는데, 이는 두 사람의 사랑이 영원토록 지속될 것임을 나타내는 에로스의 반지였다.

이 신화에서 '피그말리오니즘Pygmalionism'이라는 말이 탄생했는데, 이 단어는 "현실에 고립되어 자신의 희망을 투사한 가상의 이상적 존재에 탐닉하는 것"이라는 뜻으로 인용된다. 자신이 만들어 낸 창작품이 사람으로 변하고 또 그 창조물과 사랑에 빠지는 피그말리온의 이야기는 후대에 수많은 예술 작품의 모티브가 되었다.

작품에 생명을 불어넣어라

피그말리온은 자신이 살고 있는 키프로스섬 여인들을 경멸했다. 그러나 모든 여인을 경멸한 것이 아니었다. 그는 독신이었지만 여인을 사랑하는 마음이 아예 없었던 것이 아니기에 동경하는 여인을 늘 마음속으로 그렸다. 그런즉 주변에 있는 연인들의 모습과 행동을 유심히 관찰하면서 자신이 이상형으로 생각하는 여인상을 구상했다. 거리를 지나다니는 수많은 여인들을 불경한 행동만 빼고 관찰해 보면, 아름다운 곡선을 가진 승리의 여신 니케Nike 몸매에 아프로디테를 닮은 얼굴, 당당하면서도 입고리가 살짝 올라간 아테나Athena의 엷은 미소가 연상되었고 이를 상아로 형상화했다. 그러나 작품에 여인들의 장점만을 골라 넣기만 하고 방치한다면, 다시 말해 이것저것 좋은 것만을 모방해서 갖다 붙인다고 다 아름다워지는 것은 아니다. 작품에 작가의 정신이 살아 숨 쉬는 온기가 없다면 이내 작품에 대한 애정이 식게 되고 곧 싫증을 느끼게 될 것이다. 그래서 그는 아프로디테에게 자신의 조각품에 살아 있는 생명온기을 불어넣어 달라고 부탁했던 것이다. 이 절실한 간청과 노력이 조각상에 생명의 숨결을 불어넣게 되는 '감정이입'의 과정이라는 것을 신화는 은유하고 있다.

피그말리온은 자신과 작품 사이에 이야깃거리를 만들어 냈다. 그는 그녀와 결혼을 하고 아이까지 낳았다. 어떻게 상아로 만든 조각품과 사랑을 하고 그 사이에서 아이를 낳을 수 있을까. 현실 세계에서는 불가능한 일이다. 그러나 인간의 정신세계에서는 충분히 가능한 일이다. 오스트리아의 정신분석학자 프로이트는 이러한 현상을 "지극히 동경하는 대상을 자신의 마음속에 내사하는 것이며, 다른 사람을 본 따고 닮고자 하는 것은 동일시하는 경향 때문"이라고 했다. 피그말리온은 자신의 작품을 살아 있는 여성과 동일시함으로써 교감이 가능해졌던 것이다.

교감이 가능해지면 자신의 작품과 이야기를 하고, 결혼도 하고, 아이도 낳으며 자신이 구상하는 이야깃거리를 얼마든지 만들어 낼 수 있다. 이른바 '스토리텔링'이 꾸며지는 것이다. 스토리텔링은 작품 속에 드러난 여러 특징마다 '언어'를 지어 주고 이를 연결하는 일이다. 그런 다음 그 언어들을 모아 하나로 기능하는 전체를 만들고 각각 연결된 언어에 자신의 경험과 어떤 대상을 끌어들여 상호 접합시켜 나가면 작품에 더 많은 의미가 내포될 수 있게 된다.

이런 측면에서 보면 스토리텔링은 창조적 발상을 이끄는 트리즈TRIZ 기법과 유사하다. 물리 세계에서 물·장·역 등의 요소를 시각적 도형으로 만들고 여기에 자신의 이야깃거리를 가미해 무엇이 나올지 고민하는 트리즈의 창조 방법이 형제처럼 닮아있기 때문이다. 그러므로 패턴 인식, 감정 이입, 생각의 소재 간 상호 교감 등을 현장의 설비나 작업에 접목시켜 보면 무언가 살아 움직이는 공정이 보이게 될 것이다.

창조적 생각은 패턴인식 능력부터 길러야

피그말리온은 자신이 가장 소중히 여기는생각하는 것을 만들어 낸 인물이다. 자신이 창조한 예술품에 생명을 불어넣었고, 그렇게 함으로써 자신 안에 은폐되었던 진실을 자신 밖으로 끌어 냈다. 다시 말해 피그말리온은 자신의 사랑을 '창조'한 것이다.

무언가를 창조하기 위해서는 일정한 학습 과정이 필요하다. 우선 자신이 무엇을 생각하고 있는지, 또는 무엇을 만들고 싶어하는지 그 외 이미지나 형태를 구상하는 것은 학습 과정에서 추구해야 할 도착점이기에 학습이 되지 않은 상태에서는 애초에 무엇을 만들어야 할지 모르게 된다. 그렇게 되면 창조적인 발상 자체를 불러일으키지 못한다. 즉 '만들고자 하는 것'은 관련된 사물의 형태나 자연 현상, 사람들의 모습이나 행동 등을 세밀하게 관찰하여 착안해야 한다. 그렇게 관찰해서 얻은 데이터를 통해 어떤 형식의 패턴을 볼 수 있는 예리한 눈을 가지고 대상을 바라보아야 한다. 패턴은 한 가지 형태로만 나타나지 않을 수 있기 때문이다.

　오늘날 물리학 부문에서도 그 심연의 끝을 알 수 없다는 '양자물리학'의 경우 고대 데모크리토스에서 갈릴레오, 뉴턴, 패러데이와 맥스웰, 그리고 비교적 최근의 아인슈타인에 이르기까지 그들이 사물을 관찰한 범위와 깊이에 따라 물리학의 규칙도 변경되거나 보정되어 왔지만, 현재까지도 사물의 가장 작은 단위를 정확히 설명하는 학자는 나타나지 않았다. 왜냐하면 이들은 극미한 마이크로 세계를 오직 자신이 경험^{학습}한 대상의 패턴을 중심으로 관찰하여 증명하고 있기 때문이다.[1] 아인슈타인이 자신보다 무려 200여 년이나 앞선 대과학자 뉴턴을 호되게 꾸짖은지 얼마 되지 않아, 그 역시도 그의 후배 하이젠베르크, 디랙, 파인먼 등의 학자들로부터 똑같이 당했기 때문이다. 이를 볼 때 자연의 무궁무진함과 끝없이 파고들어도 끝이 보이지 않는 심연은 인간이 과학의 힘을 빌려 그저 신의 존재만 확인시킬 뿐이다.

　이들은 자신이 발견한 패턴을 이용하여 모형을 만들었다. 빛이 입자로 이루어졌다는 프랑크의 주장에 의심을 품고 "우주는 시공

1　몇천년 간 원자가 더 이상 쪼갤 수 없는 물질로 여겨져 왔다가 19세기에 이르러 원자의 정체를 밝히게 되었고, 그 이후 원자를 구성하는 요소의 발견에 이어 2013년 현대과학으로 알아낸 '장의 양자'라고 불리는 '힉스 입자(Higgs boson)'가 질량을 이루는 최소 단위라는 것을 발표했다.

과 장, 입자로 구성되었다"고 주장한 아인슈타인의 과학적 패턴에 이어 오늘날 양자역학에 대를 잇는 학자들은 아인슈타인의 주장을 반박하면서 "우주는 시공과 양자장"이며 "사물은 상호관계성"이고, 이들 간에 나타나는 에너지로 패턴을 그리고 있다는 것이다. 그리고 우주 에너지는 일정한 것이 아니라 확률적으로 나타나고 있다고 주장하고 있다.

이렇게 비약적인 주장이 있기까지는 전임자들이 일구어 놓은 양질의 연구 결과패턴가 있었기에 가능했다. 이처럼 패턴과 패턴끼리 서로 관계해 주는 것을 '메타패턴Meta Pattern'이라고 한다. 메타패턴을 발견하는 능력은 사물 등에서 나타나는 반복적인 순서나 양식에 대한 의문을 제기하면서 그 답을 찾아서 보고, 듣고, 느끼는 끊임없는 노력과 학습에 달려있는 것이다. 이러한 소질은 비단 천재들만의 전유물은 아니다. 비록 개인차는 있을 수 있으나 누구나 관찰을 통해 터득할 수 있다.

피그말리온 효과, 사랑하면 이뤄진다

피그말리온 효과는 자신이 사랑하는 또는 관심을 갖는 대상에 생명을 불어넣게 하는 지극정성이라고 할 수 있다. 그러기 위해서는 우선 자신부터 먼저 사랑해야 한다. 그러고 나서 내가 무엇을 바라고 있는가를 생각해 보면 그 대상을 찾을 수 있을 것이다. 그

대상에 생명을 불어넣는 것은 대상 자체의 본성과 운동을 파악하고 그것의 패턴이 어떻게 형성된 것인지 읽을 줄 알아야 한다. 그리고 자신의 경험 영역 안에서 패턴들끼리 연결해 보기도 하고 충돌해 보면서 또 다른 무엇인가를 찾아내는 일, 이것이야말로 '피그말리온 효과'를 제대로 볼 수 있는 우리의 행동양식이 아닐지 생각해봐야 한다.

미네르바의 도움으로 인간을 창조한 프로메테우스 _ 루이 드 실베르트(Louis de Silvestre)

'먼저 생각하는 자'라는 뜻을 가진 '프로메테우스'와
반대로 '나중에 생각하는 자'라는 뜻을 가진 '에피메테우스'는
우리 안에 내재된 두 본성이라고 할 수 있다.
우리가 살면서 두 형제 중에 어떤 신을 선택하느냐에 따라
미래의 결과는 분명히 달라질 수 있다.

내재된 두 본성,
그리고 선택

2

그리스신화에서 인간은 프로메테우스에 의해 창조되었다. 그러나 그는 인간 중에서 남자만 창조했다. 그에게는 에피메테우스라는 동생이 있다. 두 형제는 지구상의 온갖 동물을 창조하고 각각의 특징과 능력을 부여했다. 성경의 창세기에서 하나님이 넷째 날에 새와 물고기를, 다섯째 날에 동물과 육축을, 여섯째 날에 인간을 창조한 업적과 동일시되는 대목이다.

어느 날 프로메테우스는 에피메테우스에게 '내가 인간을 창조했으니, 네가 그들에게 살아갈 수 있는 능력을 주어라'라고 지시했다. 형의 지시에 따라 에피메테우스는 새에게는 날개를 달아 주었고, 맹수에게는 날카로운 이빨을, 곰에게는 넓적한 큰 손과 힘을, 뱀에게는 지혜를, 사슴에게는 빠른 걸음을 주었다. 이렇게 동물들에게 기분 내키는대로 능력을 다 나누어 준 에피메테우스는 뒤늦게 자신의 실수를 깨닫게 된다.

"아뿔싸, 인간에게 줄 능력까지 동물들에게 모조리 줘 버렸군."

외출하고 돌아온 프로메테우스가 이 상황을 목격하고 매우 당황했다. 동생이 우둔하다는 사실을 깜박 잊고 이 일을 맡긴 자신의 잘못을 탓하면서 에피메테우스에게 이렇게 말했다.

"이미 벌어진 일을 어쩌겠느냐. 할 수 없군. 그렇다면 인간에게는 내가 천상의 불을 훔쳐다 줘야 되겠구나. 불이라도 있으면 겨우내 얼어 죽지 않고 음식을 삶아 먹을 수 있으니 그럭저럭 살아갈 수 있지 않겠느냐. 아테나가 인간에게 두뇌를 주었으니, 불만 있다면 지혜를 사용해서 살아가는데 문제없겠지. 그러니 내가 천상에서 불을 훔치는 동안 너의 입을 통해 이 사실이 다른 신에게 누설되지 않도록 조심해라!"

프로메테우스는 자신의 이런 생각을 이행하기로 결심하고 즉시 헤파이스토스의 대장간에서 불을 훔쳐다 인간에게 주었다.[1]

현명함과 아둔함, 스스로 선택한 자질

이 신화에서 프로메테우스와 에피메테우스를 형제로 묘사하고 있지만, 어쩌면 인간 심리의 양면적인 모습을 두 형제를 통해 나타내고 있는지도 모른다. 그리스신화를 어떤 관점으로 보고 그 내

---

1 프로메테우스가 불을 훔친 곳이 헤파이스토스의 대장간이라고도 하고, 제우스의 번개라고도 하는데, 일반적으로 알려진 것은 헤파이스토스의 대장간이다.

용을 어떻게 해석하느냐에 따라 의미가 다양하게 해석될 수 있다는 점에서 저자 역시 이 두 형제 신을 분리된 존재로서가 아니라 인간의 본성 속에 교란된 두 인격체로 이해하고 있다. 교란된 두 인격체는 야누스Janus의 얼굴과 같다. 자신이 어떤 모습의 얼굴이 될지는 스스로 갖게 되는 마음 자세와 행동의 결과에 따라 결정될 수 있다.

프로메테우스라는 이름은 '먼저 생각하는 자'라는 뜻을 담고 있다. 다시 말해 앞일을 미리 살피고 매사에 조심하는 사람을 말하며 '현명한 사람'을 이르는 의미이기도 하다. 우리의 본성 중에서 나타나는 '현명함'은 이러한 프로메테우스의 본성을 물려받았기 때문이다. 반대로 에피메테우스라는 이름은 '나중에 생각하는 자'라는 뜻이 담겨 있다. 이미 벌어진 일을 수습하기에 급급하고 허둥대며 자신이 저지른 잘못을 후회하는 '어리석고 아둔한 사람'을 뜻한다.

평소 우리가 어떤 일을 하고 나서 "그래 나 아주 잘했어! 좋아!" 하며 스스로 칭찬할 때도 있지만, 반대로 "내가 왜 그랬을까?"하며 후회하는 때도 있다. 이런 자찬과 후회는 자신의 의식 속에 존재하는 형제 동체의 인격 중에서 자신의 마음과 행동이 어느 쪽으로 기울어져 있는지의 태도에서 생겨나게 된다. 우리가 어떤 대상이나 일 따위를 실행하거나 처리할 때 '그것에 대하여 먼저 생각하고 실행하였는가?', 아니면 '그것을 생각하지 않고 무턱대고 저질러 버렸는가?'의 차이에서 '후회 없이 매사에 긍지심을 갖게 되느냐' 아니면 '매사에 후회만을 남기게 되느냐'의 결과로 이어지게 된다.

여기에서 '먼저 생각한다'는 것은 사전에 자신에게 주어진 시간의 일부를 할애해서 일 처리의 방향과 방법 등을 심사숙고한다는 의미를 내포하고 있다. 심사숙고함으로써 미래에 일어날 일을 짐작하여 결과를 미리 내다볼 수 있는 상상력을 가지게 되고 그렇게 되면 일을 현명하게 처리할 수 있게 되는 것이다. 이와 반대로 '나중에 생각한다'는 것은 일의 진행 상황이나 결과를 무시한 채 바로 코앞에 닥친 일만을 부랴부랴 처리함으로써 당장은 완성된 것처럼 보이지만 전체적으로 볼 때 오히려 일을 그르치게 되는 상황을 만들어버린다. 그래서 이 두 가지 속성은 자아의 성숙도를 결정하는 요인으로 분류된다.

조직을 병들게 하는 '에피메테우스의 후예'

저자는 제조업체의 품질 부문에서 20여 년을 근무했다. 지나간 일이지만 그때 일을 돌이켜 보면, 저자 역시 어떤 상황을 선택하거나 이행할 때 그 행위로 인해 나타나게 되는 실패·낭비·모순 등이 현실의 어디엔가 은닉되어 있다는 사실을 파악하지 못할 때가 있었다. 설령 그 문제의 원인을 사전에 인지하고 있었더라도 그로 비롯된 예상 사태의 경중을 스스로 판단해, 자신에게 유리하고 편한 쪽으로 생각을 유인하기도 했다. 일종의 '확증편향'[2]에 지배된 채 내게 좋은 것은 크게 의식하고 나쁜 것은 대수롭지 않은 일로 치부해 버린 적이 있었다. 얼마 가지 못해 반성이 늘 뒤따라왔다. 이런 심리는 은연중 업무를 지배하여 문제점이 드러나기 전까지 "당장 발생한 문제가 아니므로 미리 염려하는 것은 기우"라고 생각해 버리고는 타성과 맞물려 무감각을 부추겼다. 그랬던 지난날의 자화상에 대하여 솔직히 죄책감이 없다고 말할 수는 없다. 최근 또하나 반성할 일이 터졌다. 수도권 근교의 마을에다 노후를 준비하기 위해 집을 지었다가 낭패를 보고 있다. 집을 짓는 지식과 과정을 전혀 모르고 상대방의 말에 현혹되어 결행했다가 상대방으로부터 기만을 당한 것이다. 법정으로 이 문제를 끌고 갔지만 교묘한 상대방의 교란으로 지금 어려운 상황에 맞닥뜨리고 말았다. 나는 속절없이 내 속에 있는 에피메테우스를 한탄해야만 했다.

이러한 반성을 일으키는 행동들의 본질을 분리해 보면 타의적 강요, 다시 말해 조직의 그릇된 문화가 만연하여 그것이 영향을 주었다고 본다. 어떤 잘못된 사건 앞에서 스스로 읊조릴 때 "나쁜

2 　확증편향이란 자신의 가치관, 신념, 판단 따위와 부합하는 정보에만 주목하고 그 외의 정보는 무시하는 사고방식이다.

판도라 앞 프로메테우스와 에피메테우스

아니라 다른 사람도 마찬가지겠지. 그렇다고 문제가 생기면 나만
책임질 일도 아니잖아?"라고 자신을 회피하는 경우가 있다. 문제
의 책임을 분산시킬 방법만 궁리해 내는 것이다. 정언명령에 민감
한 양심에 되물어 보더라도 "관행이잖아? 다른 사람도 그래 왔으
니 괜찮아"라고 스스로를 두둔하고 에둘러 변명한다.

　그러나 이런 변명의 뿌리를 캐보면 아직 드러나지 않은 문제점
을 미리 생각하고, 대책을 수립하고, 다른 사람들로부터 동의를
얻는 과정의 모든 행위가 귀찮고, 번거롭고, 힘이 든다는 이유로
스스로 편안함을 찾고자 핑계를 대는 궁여지책이 숨어있다. 요컨

대 자기 자신의 미래에 대하여 일종의 할인율을 적용하는 것이다.

미래에 대한 할인율은 '개인이 주어진 밖에서 가지고 있는 기회의 범위에 의해 영향을 받는다'고 했다.[3] 이 말은 즉 "내가 품질의 원칙을 준수함으로써 내게 돌아오는 혜택이 무엇인가?"라는 질문을 던져 놓고 그에 대한 답변이 공허한 메아리로 돌아오는 일이 반복된다면 본능적으로 '주어진 밖에서 가지고 있는 기회의 범위'를 축소하거나 평가 절하하여 미래의 할인율을 낮게 책정하게 된다.

경직된 조직은 문제에 대한 질문이나 조언 일체를 누군가 선뜻 나서거나 솔선수범하지 못하게 만든다. 이데아를 찾아 나서기를 포기한 '동굴의 죄수'처럼 정의감은 곧 무너지고 거꾸로 동굴 속으로 돌아가 스스로 결박되는 역행 현상도 벌어진다. 이런 습관이 일상적으로 몸에 배고 타성에 매몰되면 결국 만성적인 불감증에 걸리고 만다.

경직된 조직은 대체로 권위적인 조직문화를 가지며 상하 직원 간 대우의 격차가 커서 불평등이 조장된다. 바르고 정직한 질문과 조언은 윗사람의 심기를 흔드는 것으로 여겨 금기시하고 그런 사람은 기피인물로 간주하여 암묵적으로 억압하는 행동이 자행된

3 　"미래의 이익에는 '할인율'을 적용한다. 미래에 얼마나 가치를 부여하는가 하는 것은 다른 곳에서 더 즉각적이고 손쉬운 이득을 볼 기회가 있는가에 달려 있다." - 엘리노어 오스트롬 (1933~2012) 2009년 노벨경제학상 수상.

다. 심지어 경직된 조직의 권력자는 호통을 치며 "일어나지도 않은 일을 왜 미리 걱정하느냐? 쓸데없는 걱정 하지 말고 네 일이나 잘해라!"라며 인격적 모욕감을 주는 언행도 서슴지 않는다.

그러나 문제라는 것은 언제나 그 지점을 그냥 지나치지 않는 법, 우려했던 현상이 불거지면 누군가 그에 대해 제언했던 상황을 까맣게 잊고, 되레 "당신들은 그동안 뭐했는가? 이런 일을 왜 미리 대비하지 못했는가?"라며 책임을 전가하는 태도로 돌변한다.

여기에서 '에피메테우스의 후예'라고 할 수 있는 사람들, 즉 어떤 문제가 발생하기 전에 미리 방비하고, 대책을 수립하는 일을 쓸데없는 일이라고 생각하는 사람들이 옳은 방향으로 나아가고자 하는 사람들보다 더 많은 권력이나 재량권을 가지게 된다면 조직의 미래는 그 권력이나 재량권의 크기만큼 불행해진다는 사실이다.

문제는 시작되는 곳에 있다

미국의 기상학자 에드워드 로렌츠가 "베이징의 나비 날갯짓 한 번이 텍사스에 거대한 토네이도를 일으킬 수 있다"라고 말했던 것처럼 우리가 시작점에서 발생한 작은 실수가 다른 요인들과 충돌하고 보합해 커다란 암적 덩어리로 부풀려져 갑자기 덮쳐 올 수도 있다는 사실을 상기해야 한다. 따라서 현명하고 미래를 내다보는 프로메테우스를 선택할 것인지, 아니면 아둔하고 현실만 생각하는 에피메테우스를 선택할 것인지, 두 선택지 중에 결정하는 일은 오직 자신뿐이다.

미노타우로스를 죽이는 테세우스 _ 시마다 코네글리아노(Cima da Conegliano)

그리스신화에는 무수히 많은 영웅이 등장한다.
그들의 혈통을 보면 부모 모두가 신의 신분을 가지고 있어서
자식도 신의 지위를 갖는 존재가 있는가 하면,
부모 중 한쪽은 신이고 한쪽은 인간인 반신반인(半神半人)도 있다.
그리고 드물지만 부모 모두 인간의 신분인 순수 인간 혈통의 영웅도 있다.
신화에 등장하는 이들 영웅 이야기를 통해
품질과 관련한 교훈이 어떤 것이 있는지 알아본다.

테세우스 모험담으로 보는 품질 이야기

3

 태양의 신 아폴론, 지혜의 여신 아테나, 전쟁의 신 아레스 등은 부모가 모두 신으로 양쪽으로부터 신의 혈통을 이어받았기 때문에 태어난 그 순간부터 무한한 능력과 영원한 삶을 보장받았다. 그러나 이들 신분에는 미치지는 못하지만 신과 인간 사이에서 태어난 반신반인의 영웅들도 있다. 대표적인 인물로는 헤라클레스, 페르세우스, 아킬레우스 등을 꼽을 수 있다. 헤라클레스는 제우스가 암피트리온 장군의 미모의 아내 알크메네를 흠모한 나머지 남편이 원정을 떠난 사이 암피트리온으로 몰래 변장하고 바람을 피워 낳은 자식이다. 페르세우스 역시 제우스가 황금비로 변해 유폐된 공주 다나에와 바람피워 낳은 자식이고, 아킬레우스는 퓌티아의 왕 펠레우스와 테티스Thetis, 바다의 여신 사이에서 태어났다.

 아킬레우스는 호메로스의 <일리아스>에서 그리스 군이 트로이를 멸망시키는데 결정적인 공을 세운 인물이다. 그는 반신반인의 존재로 인간에게 반드시 찾아오는 죽음을 회피할 수 있는 혈통을 가지고 태어났다. 그래서 테티스가 태어나자마자 발뒤꿈치를 손에 잡고 불멸의 강에 담갔다 뺐는데 발뒤꿈치만 강물이 묻지 않아 유일한 약점으로 남게 되었다. 그것이 화근이 되어 결국 트로이 전쟁 때 파리스가 쏜 화살을 발뒤꿈치에 맞고 죽게 된다. 어떤 사람이 가지고 있는 유일한 약점을 가리켜 '아킬레스건'이라고 부르게 된 이유가 여기서 유래한 것이다. 반신반인의 신분을 가진 이들을 그리스에서는 다이몬Daemon[1]이라고도 불렀다. 스파르타인은 자신들이 헤라클레스의 혈통이라고 자부하며 스스로를 라케다이몬Lace daemon, 용감한 수호신이라는 뜻이라고 불렀는데 BC 5세기경 투키디데스가 쓴 <펠로폰네소스 전쟁사>와 헤로도토스가 쓴 <역사>에서도 스파르타인을 '라케다이몬인'이라고 적은 것에서도 확인할 수 있다.

신의 피가 한 방울도 섞이지 않은 영웅들도 있다. 오이디푸스Oedipus와 테세우스Theseus가 그중 대표적인 인물이다.[2] 이들은 신의 혈통을 가지지 않았을 뿐만 아니라 신들에게 있는 영험한 기운과

---

1   신과 인간의 중간계에 속하는 존재로 플라톤(BC428~BC348)은 <향연>에서 그들에 대해 '신들로부터 온 것을 인간에게 전달하고, 인간으로부터는 기원과 희생을 받아 신들에게 전달하고 신들로부터는 명령과 보상을 받아 인간에게 전달한다'라고 했다. 영어식 발음으로 '데몬'이라고도 한다.
2   어떤 원전에서는 테세우스의 태생이 반신반인으로 이야기하기도 했다.

능력도 없어서 신들이 이들을 농락하면 꼼짝없이 당할 수밖에 없는 운명을 타고났다. 예를 들면 오이디푸스는 신탁의 저주를 피하지 못하고 결국 자신의 아버지를 죽이고 어머니와 간통한 패륜아가 되어 두 눈을 스스로 찔러 장님으로 평생 참회하며 살아야 했다. 이와 반대로 테세우스는 현명한 두뇌와 불의를 못 참는 정의감으로 가득 찬 정신의 소유자이지만 신이 늘 그래왔듯이, 테세우스의 앞길에 함정을 파놓고 그가 불행해지기를 바라는 신들의 시선이 항상 있었으며 그럼에도 불구하고 난관을 꿋꿋하게 헤쳐 나간다. 그런 까닭에 그리스 사람들은 신화에 나오는 수많은 영웅 중에서 테세우스를 가장 많이 사랑하고 그리스를 대표하는 수호신으로 칭송되고 있다. 아마도 그가 순수 인간 혈통이라는 불리한 조건에도 불구하고 모진 고난과 역경을 극복하고 게다가 선한 의지가 남다르다는 것이 그를 좋아한 이유일 것이다.

'까라면 까라'식 명령은 낭패를 부를 수 있다

테세우스는 아테네의 왕 아이게우스와 아마존족의 안티오페 사이에서 태어났다. 테세우스와 헤라클레스의 유사점은 이들 모두가 자신의 운명을 스스로 개척하고 모험을 통해 과제를 달성했다는데 있다. 그러나 헤라클레스는 아버지인 제우스의 비호 아래 상대를 응징하고 난관을 돌파했던 반면, 테세우스는 인간인 아버지로부터 제한된 힘만 부여받았을 뿐 나머지는 자연으로부터 터득한 이성과 지략으로 난관을 극복했다는 데서 다른 다이몬들과 차이가 있다고 볼 수 있다. 테세우스는 지혜로운 사람이다. 테세우스가 청년으로 자라 아버지 나라로 떠날 때 외할아버지인 피테우스가 육로를 통하면 무수히 많은 위험이 도사릴 수도 있으니 바닷길로 떠나라고 당부했지만 끝내 육로를 고집했다. 그 이유는 자신이 가진 지혜와 이성의 힘을 믿고 있었을 뿐만 아니라 자신에게 주어진 난관은 스스로 타개해야 할 숙명이고 과제라고 여겼기 때문이다.

이 여행길에서 가장 주목할 만한 무용담은 프로크루스테스 Procrustes와의 싸움이다. 프로크루스테스는 지나가는 행인을 붙잡아서 자신의 침대에 묶은 뒤 행인의 키가 침대 사이즈보다 작으면 잡아당겨 죽이고, 반대로 키가 크면 머리와 다리를 잘라 죽이는 엽기적인 강도였다. 테세우스는 프로크루스테스와 격투 끝에 이겨 그를 침대에 묶고 그가 사람을 죽

테세우스와 프로크루스테스의 결투를 묘사한 암포라(amphora) 유물, 기원전 570~560년경

였던 방법과 같은 방식으로 그를 죽여 버렸다. 이 이야기는 '절대 원칙과 규칙을 만들어 억지로 거기에 구겨 넣는다'라는 의미가 내포된 '프로크루스테스의 침대Procrustean bed'가 여기서 유래한다.

신화는 회사가 자신의 생각만을 고집하고 제품을 개발하면 반드시 실패하고 만다는 교훈을 담고 있다. 침대 사이즈에 딱 맞는 완전한 사람은 없다. 오히려 침대 사이즈를 인간에 맞추든가 여러 사람이 다 같이 사용할 수 있도록 기능과 용도의 폭을 확대해야 하는 것이 맞다.

요즘에는 사회적으로 바람직한 기류의 영향으로 부하에게 명령하기를 "까라면 깔 것이지 무슨 이유가 필요해!"하면서 윽박지르고 상명하복만을 강요하는 상사들이 많이 줄었다고는 하지만 아직도 강압적 행동을 일삼는 상사가 사라진 것은 아닌 것 같다.

이런 권위적인 상사가 존재하는 조직은 하나의 방향으로 시선을 묶고 행동을 제약하는 데에는 유리할 수 있다. 그러나 오히려 이런 조직의 폐쇄적인 분위기로 인해서 팀원의 창조적인 생각이 억압당하고 목줄에 묶인 강아지처럼 의식이 고착되기가 쉽다. 새로운 생각을 하고 싶어도 의식을 강제하는 상사의 의도로 인해서 조직은 고착된다.

비단 회사뿐만 아니라 어떤 조직이든지 위와 같은 고착된 문화가 지배되면 심한 경우 썩은 음식에 파리들이 꼬이듯 아첨하는 자

들이 주위로 채워진다. 아첨하는 자는 오직 권력을 숭배하며 호가
호위狐假虎威 하는 것을 유일한 낙으로 삼는 자들이다. 그러기에 능
력 있는 동료나 경쟁자를 배척하는데 온 정열을 쏟음으로써 조직
의 미래를 결국 갉아먹고 만다.

문제 해결, 근본 원인부터 찾아라

테세우스는 아버지의 나라 아테네에 무사히 도착했지만 당시
아테네는 크레타섬의 미노스Minos 왕으로부터 위협을 받고 있었다.
아이게우스는 어쩔 수 없이 9년마다 아테네의 소년과 소녀 각 일
곱 명을 크레타로 보내 미궁 라비린토스에 갇힌 우두인신牛頭人身인
미노타우루스에게 제물로 바쳐져야만 했다. 테세우스는 이 사실
을 알고 제물이 되기를 자처하며 다른 소년, 소녀들과 함께 배에
올라타고 크레타로 떠났다.

크레타에는 다이달로스가 미노스의 지시로 만든 라비린토스라
는 미궁이 있다. 이 미궁으로 들어가면 누구든지 다시는 빠져나올
수 없도록 내부를 복잡하게 설계해 놓았다. 크레타의 공주 아리아
드네가 제물로 바쳐지기 위해 배에 실려 온 테세우스에게 반한다.
아리아드네는 다이달로스를 찾아가 미궁에서 빠져나올 수 있는
방법을 알아냈다. 그녀는 자신의 시녀를 통해 테세우스를 자신의
방으로 불러냈다. 실타래 한 묶음을 테세우스에게 건네주며 탈출

비밀을 알려준다. 다음날, 테세우스는 미궁에 넣어진 즉시 그녀가 알려준 방식대로 들어가는 문고리에 실마리를 묶고 실타래를 돌돌 풀면서 미노타우로스가 있는 깊숙한 방으로 들어갔다. 그곳에서 미노타우로스를 만나 치열하게 결투한 끝에 괴물을 죽인다. 그리곤 풀린 실타래를 반대 방향으로 되감으며 들어왔던 문을 찾아 다시 빠져 나왔다.

무엇을 연구한다는 것은 '미궁으로 들어간다'는 의미이다. 만약 연구 도중에 문제가 생겨 해결해야 할 일이 생기게 될 때는 테세우스가 들어갔던 길로 다시 걸어 나왔듯이 문제의 근원이 처음 시작된 곳 어딘가에 반드시 존재한다는 것을 이 신화가 암시하는 것 같다. 하지만 우리는 문제 해결 방법을 엉뚱한 데서 찾아 헤매는 경우가 종종 있다. 현장에서 작업하다 보면 문제가 터진 지점에 누군가가 있었다는 이유만으로 애꿎은 그를 호되게 다그치는 경우를 본다. 설계도의 오류, 원재료의 문제, 설비의 고장, 작업 지시의 실수 등이 제품의 품질을 좌우하고 있는데도 문제가 생길 때마다 그 지점에 작업자가 있다는 이유로 그 작업자에게만 책임을 묻게 된다면 근본 문제의 해결은 요원할 수밖에 없다.

문제는 항상 초기에 도사리고 있다. 즉 원류 관리가 중요하다. 포도나무 끝에 주렁주렁 매달린 포도송이처럼 문제는 처음의 자리에 주렁주렁 매달려 있는 일이 대부분이다. 일본식 문제 해결

방식에 '5Why'가 있다. 어떤 현상에 대해서 다섯 번 '왜'를 외치게 되면 근본 문제가 무엇인지를 찾아낼 수 있게 된다는 '꼬리물기식' 연상법의 일종으로, 이 방식을 통하면 최초의 문제가 무엇이었는지 찾아내기가 용이하다. '왜'라고 한 번 묻는 순간 테세우스가 실타래에 실을 한 번 감듯이 미궁을 빠져나오는 발걸음이 탈출구와 가까워진다는 뜻이다.

테세우스가 신의 혈통을 잇지는 않았지만 신처럼 총명할 수 있었던 것은 언제나 사물의 근원을 파고들어 몸으로 부딪히고 그 가운데서 해결하려는 의지와 용기가 강했고, 항상 도전적인 모험정신이 있었기 때문이다. 우리는 테세우스와 동일한 인간이다. 신들 못지않은 이성의 힘을 가지고 있다. 무슨 일이든 해낼 수 있는 잠재력이 있다는 것을 항상 염두에 두면 눈앞에 놓인 문제를 바라보는 시각도 달라지지 않을까 생각한다.